体育旅游发展研究

罗 蕾 著

中国农业出版社
北 京

图书在版编目（CIP）数据

体育旅游发展研究 / 罗蕾著. -- 北京 ：中国农业出版社，2025. 6. -- ISBN 978-7-109-33555-4

Ⅰ. F592.3

中国国家版本馆 CIP 数据核字第 2025RX2155 号

中国农业出版社出版

地址：北京市朝阳区麦子店街 18 号楼

邮编：100125

责任编辑：边　疆　张潇逸

版式设计：小荷博睿　　责任校对：张雯婷

印刷：三河市国英印务有限公司

版次：2025 年 6 月第 1 版

印次：2025 年 6 月河北第 1 次印刷

发行：新华书店北京发行所

开本：720mm×960mm　1/16

印张：10.25

字数：179 千字

定价：88.00 元

前言

随着经济的稳步增长，社会生产力的提升带来了物质生活的极大丰富，人们不再仅仅满足于基本的生存需求，而是开始追求更高层次的精神文明和生活质量。这一转变促使大众对于健康、休闲和娱乐的需求日益增强，特别是在全民健身意识的推动下，体育活动成为许多人日常生活的重要组成部分。人们愈发认识到，良好的身体素质不仅是幸福生活的基石，也是实现个人价值和社会价值的前提。在此背景下，体育与旅游的融合创新应运而生，开辟了体育旅游这一新兴业态。体育旅游不仅是一种将体育锻炼与观光旅行相结合的休闲方式，更是一种集参与性、体验性和文化性于一体的综合性旅游形态。它既满足了人们对体育运动的热情，又提供了探索自然风光和人文景观的机会，成为现代人释放工作压力、享受生活乐趣的新选择。

近年来，随着大众对体育旅游认知度的加深和接受度的提高，这一模式正迎来前所未有的发展机遇。从城市马拉松、户外徒步到水上运动、滑雪度假，各种体育旅游项目层出不穷，吸引了不同年龄层和兴趣群体的广泛参与。同时，体育旅游也带动了相关产业链的协同发展，包括体育设施的建设、专业服务的提供、特色商品的开发等，形成了一个涵盖多领域、多层次的市场体系。此外，体育旅游的兴起还促进了地方经济的多元化发展，尤其对于那些拥有独特自然资源或体育文化传统的地方，体育旅游成为展示其魅力、吸引外来投资和游客的重要途径。政府和企业纷纷加大对体育旅游基础设施的投入，优化旅游体验，提升服务质量，以期在激烈的市场竞争中脱颖而出。

本书共八章，在介绍体育旅游、体育旅游发展基础理论的基础上，从体育旅游者、体育旅游资源、体育旅游市场、体育旅游与社会经济、体育旅游产业等方面，对体育旅游的发展展开具体研究。

由于作者水平有限，加之时间仓促，本书难免存在一些不足，在此恳请同行专家和读者朋友批评指正。

著者

2025 年 5 月

目录

第一章

体育旅游概述

体育旅游，作为体育与旅游跨界融合的新兴产物，正逐步形成独具特色的产业形态。在当今时代，体育旅游行业彰显出鲜明的创新精神、活力四射的动态趋势以及广泛的群众参与度，成为推动旅游业转型与升级的关键驱动力，同时也是激发国内经济循环活力的重要因素。

如今，体育旅游已深深嵌入社会发展的肌理之中，标志着公众需求正从单一的物质追求向更加注重生活品质和精神层面的高层次向往转变。这一现象不仅揭示了体育旅游对于塑造未来产业发展蓝图的必要性和支撑作用，还侧面反映了生态文明建设的进展与成效，展现了人与自然和谐共生的美好图景。

简而言之，体育旅游不仅满足了现代社会对健康生活方式的渴望，更是经济社会发展的重要风向标，其繁荣与否直接关联着国家整体发展战略的推进。随着体育旅游市场的不断壮大，它所承载的社会价值和经济意义也将日益凸显，为构建绿色、健康、可持续的未来社会贡献力量。

第一节　体育旅游的基本理论

一、体育旅游的概念界定

对于体育旅游的定义与诠释，长期以来未能达成共识，各方通常基于各自视角进行解读与界定，这导致了理解和应用上的多样性。在全球范围内这种差异尤为显著，反映出不同国家和地区在文化和实践层面对体育旅游有着各自的侧重与偏好。

具体来说，国内外学者及业界人士在探讨体育旅游的本质、范畴及其与相关领域的界限时，往往会立足于本地的实际情况、历史背景以及市场需求，从而形成了多元化的理论框架与实践模式。这种差异不仅体现在概念表述的细微差别上，更深层次地影响了体育旅游项目的开发、运营及管理策略，以及相关政策的制定与执行。

因此，要全面把握体育旅游的内涵与外延，就需要跨越地域界限，综合考量各种观点与实践，以期在尊重多样性的同时，寻找共通之处，推动体育旅游在全球范围内的健康发展与国际合作。

（一）国际学术界对体育旅游的诠释

接下来将探讨几位国际知名学者对体育旅游概念的不同解读，以展现这一领域多元化的视角。

美国研究者 Lisa 及其团队认为，体育旅游应被纳入户外娱乐行业的范畴，它涵盖了诸如滑雪、皮划艇、夏令营、极限挑战、露营以及探险旅行等一系列活动，体现了人类对自然和冒险的热爱。

日本学者长积则提出了另一种定义，他指出，体育旅游的核心在于人们为了参与或观看体育赛事，从日常生活的常规环境中暂时抽离，踏上一段旅程，直至最终回归日常生活，整个过程构成了体育旅游的完整体验。

Gibson 教授将体育旅游细分为三大类别：一是以亲身参与体育活动为目的的旅行，二是追随体育明星足迹或重温经典赛事的朝圣之旅，三是怀旧性质的体育主题游。每种类型都承载着独特的文化价值和情感寄托。

Mike Weed 等学者则从社会学的角度出发，将体育旅游视为一场发生在特定地点的社交、经济与文化交流盛宴，参与者来自不同背景，他们在共同的兴趣和活动中建立联系，促进了跨文化的理解和融合。

这些观点虽然侧重点各异，但共同描绘了体育旅游这一复杂而多彩的现象，展现了其在促进个人健康、增进人际交往及推动地区经济发展等方面的积极作用。

（二）国内学者对体育旅游的见解

国内学者基于各自的研究视角，对体育旅游的诠释各有侧重，具体阐述如下。

（1）社会学视角下的体育旅游。体育旅游的核心在于满足游客对专业体育活动的需求，这要求目的地拥有丰富的体育资源和配套的基础设施。通过将体育元素融入旅游产品，为游客提供涵盖健身、娱乐、休闲和社交等全方位的服务，促进游客身心健康发展。此外，体育旅游作为一种社会活动，不仅促进了物质文明的进步，还丰富了社会文化生活，展现出体育与旅游相结合的双重社会属性。作为社会体育产业的分支，体育旅游是新兴且受欢迎的活动形式，它将体育的活力与旅游的乐趣完美融合。

（2）市场学视角下的体育旅游。体育旅游可定义为游客在旅行中参与的一系列体育相关活动或与之相关的互动关系。从广义角度看，体育旅游市场涉及体育旅游产品的交易行为和经济关系；狭义上，则着重于交易场所本身。体育旅游产品旨在满足游客在旅行中对体育体验、旅游享受及消费需求的综合期待，它是一种集体育、娱乐、探险和观光于一体的综合性旅游服务。

（3）旅游学视角下的体育旅游。体育旅游被视作一种旅游活动，其核心在于参与或观赏体育赛事，强调体育元素的重要性。从另一个角度看，体育旅游旨在通过休闲度假、探险观光和健身娱乐等方式，利用特定的自然环境开展体育项目。尽管不同角度的理解有所差异，但各方均认同体育旅游的蓬勃发展及其作为休闲游玩活动的本质特征。

国内学者从三个学科领域出发，分别阐述了体育旅游的定义和特性，尽管视角不同，但都认可体育旅游是一个独立且迅速发展的领域。体育旅游结合了体育的激情与旅游的魅力，为人们提供了全新的休闲方式。无论是追求体育活动的刺激，还是享受旅游过程中的文化体验，体育旅游都能满足不同游客的个性化需求，成为现代社会中备受欢迎的生活方式之一。

综上所述，体育旅游的概念可概括为：体育旅游是以体育为核心内容、以旅行为载体的休闲活动，旨在让参与者在体验体育乐趣的同时，享受旅游带来的愉悦。这一定义融合了社会学、市场学和旅游学的多元视角，全面揭示了体育旅游的内涵和外延。

二、体育旅游的结构

仅从旅游活动的形态来探究，与体育和旅游融合最为密切的要素莫过于休闲与探险。以此为切入点，能够深入剖析并理解它们之间的内在联系。当体育与旅游交织，催生出体育旅游这一新兴领域后，再与休闲、探险等元素相融合，便极大地丰富了体育旅游的内容与表现形式。

在这一架构中，体育旅游的形象可比喻为橄榄状的结构，其中心部分代表了组织化的体育旅游，它又细分为两大类：一类是以观赛为主的体育旅游，另一类则是更具参与性的团队体育旅游。橄榄状结构的两端分别连接着与休闲和探险密切相关的体育旅游形式。靠近休闲一端的，是侧重于放松和娱乐的体育休闲旅游；另一端则聚焦于探险，包含了大量户外运动项目，这类体育活动往往带有较强的探险色彩。

通过上述描述，可以清晰地看到体育旅游内部的层次划分和结构组成，它不仅涵盖了多样化的旅游体验，还体现了体育旅游与休闲、探险等元素之间的有机融合，为游客提供了更为丰富和个性化的选择。这一分析框架有助于我们更好地理解体育旅游的全貌，以及其在满足不同游客需求方面的独特优势。

三、体育旅游的类型划分

对任何领域的分类，都需依据特定的准则来进行，以下将基于不同的分类依据，对体育旅游的类型进行详细解析。

（一）体育旅游的分类依据

目前，体育旅游类型的界定主要依据以下几个维度。

1. 体育旅游资源属性

依据此维度，体育旅游可细分为水上运动型、陆地运动型、航空运动型、冰雪运动型以及海滩沙地运动型等子类别。每种类型都依托于特定的自然资源，为游客提供独特的体育体验。

2. 体育旅游目标导向

从目标导向的角度看，体育旅游可分为观光游览型、休闲度假型、健身娱乐型、竞技比赛型、极限挑战型以及团队拓展型等。这些类型反映了游客参与体育旅游活动的不同动机和期望。

3. 体育旅游参与方式

根据游客的参与程度，体育旅游可区分为体验参与型和观赏型两大类。体验参与型鼓励游客亲身体验体育活动的乐趣；观赏型则侧重于观看体育赛事或表演，享受视觉和情感上的满足。

通过上述分类，可以更全面地理解体育旅游的多样性，为旅游规划者和从业者提供更精细的市场细分和产品设计指导，也帮助游客根据个人兴趣和偏好做出更加精准的选择。

（二）体育旅游的主要类型

体育旅游的主要类型如表 1－1 所示，每一种类型的体育旅游都有其各自的特点和代表性产品。

表 1-1　体育旅游的主要类型

序号	类型	基本特点	代表性产品
1	观光型	注重审美体验，强调文化交流的重要性	体育遗址、体育建筑、体育雕塑
2	竞赛型	有较强的专业性	国际知名体育比赛
3	度假型	有着较强的参与性，能有效消除疲劳	滑雪、钓鱼、温泉
4	健身娱乐型	注重健身、体验、娱乐	健身娱乐场所
5	拓展型	有较为显著的刺激、惊险等特点	漂流、攀岩、溯溪
6	极限型	挑战极限、冒险	攀登高峰、高山速降

四、体育旅游的主要特点

如同其他领域，体育旅游亦具备其独特的特性，具体表现为以下几点。

1. 高重复参与率

相较于传统旅游，体育旅游展现出更高的回头客比例。传统观光旅游往往是一次性体验，游客在游览过景点后，短期内重访意愿较低。体育旅游因其活动的吸引力，参与者通常对其钟爱的运动抱有持续的热情，乐于反复参与，因此重复参与率显著高于普通旅游。

2. 专业技能门槛

传统旅游活动通常较为轻松，对参与者的技术要求不高，无论是跟团游还是自助游，旅游爱好者皆可轻松加入。相比之下，体育旅游尤其是非观赛类活动，对参与者的身体素质和特定技能有较高的要求。例如，冲浪、山地探险、攀岩等极限运动，不仅考验体能，还需要参与者掌握专业的技术。这使得体育旅游在一定程度上成为参与者展现专业知识与技能的舞台。

3. 高风险属性

体育旅游中的许多活动蕴含一定风险，如徒步穿越、骑马、滑雪、潜水、攀岩等，这些活动可能伴随着意外伤害的潜在威胁。因此，体育旅游参与者必须时刻警惕，采取充分的安全措施，以应对可能出现的突发状况。

4. 高消费特征

体育旅游的花费往往超过传统旅游，除了基本的交通和门票费用外，还包括体育技能培训、专业装备购置等额外开销，使其成为一项相对高消费的活动。

5. 深度体验价值

在体育旅游中，参与者不仅能欣赏风景，更能亲身体验各项活动，如健身、娱乐、休闲和社交等。这种双重体验让人在参与中收获更多乐趣，感受到体育旅游的独有魅力。

6. 强烈地域色彩

体育旅游的地域性尤为明显，如北方的冰雪运动、海滨的水上活动、山区的登山探险等，均与特定地理环境紧密相关。体育旅游爱好者往往被这种地域特色所吸引，愿意跨越地域界限去寻求新鲜刺激的体验，展现出对异域风情的向往。

综上所述，体育旅游凭借其独特的特性，为参与者提供了不同于传统旅游的全新体验，满足了人们对健康、挑战和深度体验的追求。值得注意的是，参与体育旅游前，了解并准备应对其中的风险和成本，以及培养必要的技能，对于确保安全和提升体验至关重要。

五、体育旅游的影响力

体育旅游的影响力是其在社会结构与功能中扮演角色的关键展示，具体体现在它能够满足人类基本生存、成长及追求愉悦需求的独特效能上。

体育旅游的影响力实质上是其功能（效益）与人类需求间的互动关联。通常来说，基于其影响的目标，体育旅游的影响力可细分为个人层面与集体层面；从其作用的领域来看，则涵盖身体健康（如锻炼、休闲、治疗）、心理建设（如教育、美学、道德培育）以及社会贡献（如经济、政治、科研、人际交往）等多维价值。体育旅游影响力的构成要素涉及：①外部影响力，主要包括体能的外部影响力、体育旅游认知的外部影响力、运动技巧的社会影响力、欢愉的外部影响力；②内部影响力，主要包括体能的内在影响力、体育旅游认知的内在影响力、运动技巧的内在影响力、欢愉的内在影响力。

在评价体育旅游的影响力时，通常基于促进个体身心健康与社会正向发展的尺度，考量其品质与数量满足社会期望的程度。体育旅游影响力的深浅与宽窄，主要由其本身结构和参与者互动水平决定。

第二节　体育与旅游的结合

一、体育与旅游结合的不足

（一）政府、行业协会及企业主体间协调联动不足

体育旅游作为体育与旅游两大产业融合的新兴领域，政府、行业协会及企业主体间尚未建立起一套协调一致的联动机制。旅游部门作为旅游产业的主管部门，其职责涵盖制定行业政策、规划发展方向、维护市场秩序等；体育部门则专注于体育事业与产业的协调发展，规范体育市场秩序，推动国际体育交流。体育旅游领域的社会组织作用发挥不足，未能在政府与市场之间架设稳固的桥梁，影响了政策传导效率和市场治理效能。这种局面不仅限制了部门间的横向沟通，也阻碍了对体育旅游项目市场实施垂直管理的能力，最终牵制了体育旅游产业的整体发展步伐。

简而言之，体育旅游产业的发展亟须构建政府、行业协会与企业三者间的良性互动，形成合力，以实现产业政策的顺畅落地和市场秩序的有序维护，促进体育旅游产业的健康、持续发展。

（二）运营实体的专业素养不足

运营实体的专业能力直接关系到区域体育旅游产业的品质与效能，其在市场拓展、产品创新、品牌形象建设等方面扮演着关键角色。在体育旅游产品的研发阶段，政府往往扮演着主导角色，通过公共服务采购的形式引入社会力量。在赛事组织方面，尽管采用政府购买服务的模式，但赛事承办方规模较小，市场开拓能力有限，对赛事推广、衍生品开发、品牌建设等方面的投入和重视程度不足，导致赛事整体水平提升缓慢。

从全局视角审视，运营实体业务能力的短板是造成产业发展粗犷、效率低下、创新乏力、服务质量难以提升的根本症结，这在一定程度上拖累了体育与旅游产业融合的步伐。要解决这一问题，须提升运营实体的专业化水平，强化市场意识，加大品牌建设和产品创新力度，以提升体育旅游产业的整体竞争力和吸引力。

总之，体育旅游产业的繁荣发展离不开运营实体的专业支撑。唯有不断提

升其业务能力和市场敏锐度，才能有效推动体育旅游产业向精细化、高质量方向迈进，加速体育产业与旅游产业的深度融合，满足日益增长的市场需求。

（三）体育旅游商品品质有待提升

伴随消费市场的迭代升级，公众对多样化产品的需求日益旺盛，而供给端未能有效对接需求，成为制约当前产业发展的一大瓶颈。

首先，体育与旅游资源的整合度偏低，导致体育旅游商品的品牌效应不显著，缺乏标志性精品。在景区开发进程中，观赏性资源与互动式体育活动的融合进程缓慢，整体上仍处于起步阶段。以贵州万峰林景区为例，尽管已尝试推出若干体育旅游商品，试图融入体育元素，但体育成分与景区特色结合不够紧密，体育与旅游资源呈现割裂状态。

其次，商品体系构建不够清晰，同质化现象严重。在商品创新环节，缺乏个性化亮点，运营管理水准欠佳，商品易被复制替代。同时，围绕赛事活动的上下游产业链开发不足，未能充分挖掘赛事的商业潜力。

综上所述，体育旅游商品的质量提升迫在眉睫。这要求在资源融合、商品创新及产业链延伸等方面下功夫，打造具有鲜明特色和高附加值的商品体系，以满足消费者日益增长的个性化需求，推动体育旅游产业向纵深发展。

（四）体育旅游消费根基尚浅

尽管我国经济增速迅猛，但国民收入总体水平仍显不足，体育活动与民众日常生活的融合度不高，大众对体育旅游的认知较浅，消费观念尚未成熟，甚至存在消费意愿不强的现象。

部分区域尽管坐拥丰富自然资源，但体育产业与旅游产业的融合尚处初级阶段，旅游资源的开发利用滞后，体育元素的融入程度有限，主要消费群体局限于当地及邻近区域，市场辐射范围狭窄。加之基础设施建设滞后，品牌知名度不高，体育旅游商品的服务能力有待提升，对外来消费者的吸引力有限，难以有效吸引外部客流。

现有体育旅游项目多偏重专业性，娱乐性不足，多数活动对参与者体能要求较高，有的活动须经过专门培训方可参与，这在一定程度上限制了潜在消费群体的规模，消费主体的局限性制约了市场的进一步拓展。

综上所述，体育旅游消费基础的夯实须从多方面着手，既要提升公众的体育旅游意识，扩大消费群体，也要优化商品结构，增强娱乐性和包容性，同时要加强基础设施建设，提升服务质量，以吸引更多消费者参与，推动体育旅游市场的健康发展。

（五）体育旅游专业人才缺口明显

专业人才是驱动体育旅游行业发展的关键，人才的质量与数量直接影响体育旅游的繁荣程度。体育旅游的蓬勃发展中，既需要具备卓越沟通技巧、深厚体育与旅游知识、丰富管理经验的复合型人才，也需要擅长市场开拓、产品创新、营销策划的专业人士。具体分析如下：一方面，相关部门在人力资源规划中，对体育与旅游领域的专项人才招引力度不足，行业内跨领域转型的人员占比较高，导致在产业规划、市场拓展与项目设计等方面的人才储备相对匮乏。同时，专注于体育旅游领域的行业协会或机构数量有限，现有从业者中，对体育旅游专业知识掌握不足的现象普遍存在。另一方面，体育旅游专业教育体系尚不完善，高等教育机构中设置相关专业的学校不多，课程设置多为通识理论课或选修课，缺乏系统化的体育旅游课程体系，影响人才培养质量。人才的地域流动性与职业选择自由度也在一定程度上加剧了体育旅游领域人才的流失问题。

综上所述，体育旅游行业的人才供需矛盾亟待解决，须加强专业人才培养与引进，完善教育体系，优化人才配置，以充实体育旅游产业的人力资源库，促进行业的持续健康发展。

二、体育产业与旅游产业融合的理论

（一）产业融合的维度

产业融合涉及多个层面的交织，远非单一维度所能概括，具体包括以下几方面。

1. 技术整合

技术整合指的是借助新兴的高科技手段，即使身处异地也能实现文件、声音、图像、视频等多媒体资料的即时传输，打破传统面对面交流的限制。

2. 网络集成

网络集成意味着构建一个统一的网络平台，能够承载包括音频在内的多媒体数据流传输，实现信息的高效流通。

3. 设备一体化

设备一体化指的是通过技术创新，原本需要多种设备才能完成的功能与服务，现在仅需少数几种甚至单一设备即可实现，大幅提升了便捷性与效率。

4. 企业联合

企业联合指的是企业通过跨区域、跨行业的资源整合，有选择性地向不同目标群体提供服务，以实现产业领域的拓展和内部行业的协同。

5. 监管整合

监管整合指的是通过整合管理机构与服务内容，优化资源配置，实现资料的系统化整理与管理，提升监管效率和信息处理能力。

（二）产业融合的分类

一般来说，研究产业融合有三种分类方法：产品性质、融合方式、融合程度（表1-2）。

表1-2 产业融合的分类

分类方式	类别	产品或内涵
产品性质	替代性融合	各自独立的产品进入一个共同的集合后，可能具有较为类似的功能
	互补性融合	产业产品在融合后共同使用能够实现更好的效果
	结合型融合	各自独立的产品在融合时合成更好的产品，发挥其作用
融合方式	渗透融合	主要是由于技术的创新产生的，一般发生在产业的边界
	延伸融合	通过融合各自实现了产品的更新，可以提供更好的服务
	重组融合	发生在相关性高的产业之间
融合程度	完全融合	新产业替代旧产业，两大产业合二为一
	部分融合	新产业不能完全替代旧产业，与旧产业之间既有竞争又有合作
	虚假融合	产业之间的融合没能实现更好的利益创造

（三）体育产业与旅游产业融合的运作机制

1. 融合的推动力

体育产业与旅游产业融合的动力源自内外两个方面：一是内在驱动力，表现为产业资源的普及性；二是外部推动力，体现为公众消费诉求的升级。

（1）内在驱动力。产业资源的普及性是体育产业与旅游产业融合的内在源泉。产业内部资源越易于跨领域应用，其普及性越高。资源的广泛适用性降低了成本，提高了与其他产业融合的可能性。

体育产业与旅游产业资源的普及性，为两大产业的融合创造了条件，具体分析如下：①体育健身活动与旅游景点中的体育项目高度相似，两者的目标市场、产品形态、功能定位有大量交集。②民间传统体育赛事不仅是体育产业的组成部分，更超越体育范畴，成为旅游产业的资源。体育赛事可作为城市名片，开发成旅游项目，提升旅游产业综合效益，增强城市知名度。③大型体育场馆作为旅游资源的一部分，兼具体育与旅游双重属性。一方面，城市可将设计独特的体育场馆作为地标性建筑，开发成特色旅游产品，如鸟巢、水立方等；另一方面，大型体育场馆既能举办赛事，也可作为旅游景点，向游客收费。

（2）外部推动力。公众消费诉求的升级是体育产业与旅游产业融合的外部动因。体育与旅游不再是小众爱好，而是大众生活方式。我国的体育产业和旅游产业正经历从单一需求向多元化、多层次需求的转变。消费升级促使人们追求高品质生活，消费诉求向高端化演进。体育产业与旅游产业的融合既响应了消费者需求的变化，也促进了两大产业的发展，提升了消费层次。

2. 供需平衡

从供需角度考察，体育产品与旅游产品通过特定生产要素的加工，形成体育旅游产品，以满足市场需求。

体育旅游产品分为实物商品与无形服务。实物商品涵盖体育装备和旅游纪念品，无形服务包括赛事的举办权与经营权，两者均可实现产业融合。例如，赛事旅游中，消费者购买队服、徽章等周边商品以支持喜爱的队伍，这些商品既是体育商品也是旅游商品。无形服务包括竞赛表演和健身娱乐。实物商品将一方需求融入另一方商品或资源；无形服务在消费者参与活动时自然产生，满足体育与旅游的双重需求。通过供需互动，体育产业与旅游产业相互融合，创造出了满足消费者多元需求的新型商品与服务。

（四）体育产业与旅游产业融合的实施路径

产业融合是一项涉及多维度、多阶段的复杂进程，通常包含三个递进的层次：技术整合、业务整合、市场整合。其中，技术整合处于最基础层次，业务整合居于核心中间层，市场整合则位于最终阶段。产业融合往往始于技术的革新，随后通过集中企业资源与力量，适时调整产业发展策略，实现业务层面的深度融合。技术与业务的有效整合皆源于市场需求的驱动，即市场的呼唤。体育产业与旅游产业间的资源交汇，催生了一系列创新商品，拓宽了体育产业与旅游产业的边界，丰富了资源类型。

1. 技术整合

技术整合衡量了本产业的先进技术在其他产业中的应用程度，为产业链的业务与市场整合奠定了技术创新的基础。技术整合主要通过两种途径实现，即标准统一与规划协同。标准统一是指为促进体育及相关产业发展，制定具有约束力的产业间技术规则共享机制。体育产业与旅游产业的标准统一，着重于两大产业标准的融合。规划协同则通过主体产业及相关产业的资源调查与规划手段，延长体育产业链，提升产业价值。总体而言，体育产业与旅游产业的融合是两大产业通过规划引导的产业链延伸。

2. 业务整合

业务整合从业务视角出发，重构产业模式，更新产业技术，最终实现产业内部管理与组织架构的革新。业务整合主要通过人才整合与组织整合两条路径实施。人才整合促使知识跨界融合，是产业内部企业的重要任务。当前，我国体育产业与旅游产业融合发展的一大短板是缺乏既懂两大产业理论又能实际操作的国际化、综合型人才。组织整合意在借助融合构建灵活的企业管理体系与组织模型，为企业业务融合提供路径。体育产业与旅游产业融合能盘活以往闲置的资源，降低业务拓展的物质成本，助力企业在业务融合中扩展规模，实现共赢。

3. 市场整合

市场整合意味着通过技术与业务的融合，催生了新的消费群体与消费需求。市场渴求创新融合产品以满足消费者需求，从而赢得市场份额，增强自身竞争力。从市场供需视角分析，市场整合主要通过两种方式实现，分别是买方需求整合与卖方产品整合。买方需求整合反映了随着经济水平提升，消费者对产品质量的追求不断提高，对体育与旅游产品的要求日益严苛。消费者不再满足于单一商品或服务，而是期望一站式体验完整的产品链。卖方产品整合指通过技术、业务等层面的融合，促使产业产品功能集成，一次性满足买方多元化需求，主要体现为新型产业形态的涌现。为此，体育产业与旅游产业须围绕买方需求进行融合，驱动两大产业在技术、业务等层面的整合，最终促成卖方产品的整合。

（五）体育产业与旅游产业融合的推进策略

1. 强化政策引导

体育旅游产业作为体育产业与旅游产业深度融合的新兴领域，其融合范围广泛，涉及领域众多，融合体系复杂，加之各地发展水平参差不齐，因此，在推动体育产业与旅游产业高效融合的过程中，政策引导显得尤为重要。

①应制定符合本地实际情况的体育旅游发展政策与规划，进一步规范体育旅游的运行标准与管理体系，强化整体规划，完善市场体系建设，为体育旅游在产业规划、市场拓展、项目开发、人才培养等方面提供宏观指导。②体育部门与旅游部门应加强协调，打破部门间行政壁垒，实现资源与信息的有效共享。③加强社会组织与市场主体的作用，充分发挥社会组织的功能，搭建政府与市场主体之间的合作平台，形成政府、社会组织、市场主体间协调一致的闭环发展模式。④深化“放管服”改革，既要放宽政策，又要加强监管，优化服务方式。在体育旅游产业政策制定上，应兼顾其特性，建立适度的监管与约束机制，适当放宽市场准入与产业管制。在产业发展方向上，坚持市场主导、政府扶持的原则，持续完善配套设施，提升体育旅游服务质量；充分发挥市场机制，激活市场主体活力，构建完善的体育旅游产业体系；以消费需求为导向，培育市场主体，围绕人民群众日益增长的体育旅游休闲需求，壮大企业主体，强化市场驱动，促进体育旅游产业集群发展。

2. 加强信息化建设

数据支撑为体育旅游发展提供了强有力的决策依据，显著提升了顶层规划与服务决策的质量。基于大数据中心，应强化信息化建设在体育产业与旅游产业融合中的作用。一方面，规范体育旅游流量、收支、活动等基础数据的统计、分析、处理与共享，为顶层规划、决策提供高质量、可视化的数据服务，提升决策质量。另一方面，引入人工智能（AI）技术，构建智慧旅游服务体系，开发“体育旅游 App”，运用计算机视觉辅助技术优化智能体育服务，线上线下同步开展攀岩、滑雪、速降、滑翔伞等运动的虚拟现实（VR）指导培训与体验；开发线上产品与服务，提供一体化功能，增强游客体验感，以科技力量赋能体育旅游发展。

3. 提升企业竞争力

体育产业与旅游产业的融合，要求企业从制度、资金、技术、市场等多维度推动产业融合，拓展与创新增值空间；要求企业以客户需求为导向，立足市场现状，优化区域内资源配置；要求企业依托当地自然资源与人文环境优势，开发特色体育旅游精品；要求企业面向融合发展趋势，创新多元价值链，从单一产品向复合型产品转变，从大众化向个性化转变，从纯观光向体验、康养、休闲等复合型转变，打造多元化体旅复合型产品，持续提升企业竞争力。

在发展过程中，应注重引进与培育创新型企业，营造良好的创新发展环境，出台激励企业创新的政策措施。以政府引导为主，规范体育旅游市场，强化市场在资源配置中的决定性作用，提升企业整合业务与参与市场发展的能力，形成体育旅游产业发展的良性循环。

4. 构建人才培养体系

随着体育产业与旅游产业融合的深化，综合性、多样化的体育旅游产品满足了现代人旅游需求的演变，展现出广阔的发展前景。同时，这也对人才提出了更高要求。因此，加强人才培养、优化人力资源成为体育旅游发展的重要战略任务。针对体育旅游产业人才短缺的问题，提出以下建议：①建立多渠道人才引进机制，大力引进体育旅游市场营销、产品开发与管理的专业人才，制定人才引进激励政策。②结合内部晋升机制，建立行政单位或企业内部人才培养体系。对专职人员采用外派学习与内部培训相结合的方式，加强学历教育，提升体育旅游专业知识与能力。③构建与高校的人才培养合作机制。加强与已开设体育旅游相关专业的高校的合作，根据产业发展需求，共同制定人才培养方案，联合培养“懂策划、能运营、强技能、善指导”的体育旅游专业复合型人才，建立完善的人才输送供应链体系。

第三节　体育旅游产品概述

一、体育旅游产品的类型

（一）健身型体育旅游产品

针对这类商品，应当将体育锻炼与休闲旅游巧妙结合，创新推出兼具健身效果和娱乐休闲功能的体育旅游产品。通过融合体育活动与旅游体验，旨在为消费者提供既能锻炼身体又能享受休闲时光的双重收益，满足现代人对健康生活方式的追求。我国 45 家国家级旅游度假区的健身型体育旅游产品如表 1－3 所示。

表 1-3　45 家国家级旅游度假区的健身型体育旅游产品一览

序号	省级行政区	旅游度假区	体育运动项目
1	浙江	宁波东钱湖旅游度假区	帆船、帆板、赛艇、龙舟、皮划艇、水上桨板、垂钓、骑行、登山、露营
2		湖州太湖旅游度假区	帆船、帆板、游艇、运动飞机、动力伞、三角翼、高尔夫球
3		杭州湘湖旅游度假区	游泳、皮划艇、桨板、龙舟、赛艇、铁人三项、露营、骑行、跑步、蹦极
4		湖州安吉灵峰旅游度假区	冲浪、游泳
5		湖州莫干山国际旅游度假区	皮划艇、桨板、水上瑜伽、垂钓、骑行、登山、房车露营、攀岩、平衡车、滑板、户外拓展、滑翔伞、热气球、山地车、全地形越野车、越野摩托、网球、棒球、橄榄球、射箭、马术、瑜伽
6		杭州淳安千岛湖旅游度假区	铁人三项、游泳、登山、房车露营、骑行、小轮车
7	江苏	南京汤山温泉旅游度假区	冲浪、房车露营、马术、游泳、卡丁车、沙滩排球、乒乓球、棋牌、门球、篮球
8		常州天目湖旅游度假区	登山、露营、篮球、乒乓球、龙舟
9		阳澄湖半岛旅游度假区	骑行、无线电测向、定向、航模飞行、平衡车、网球、高尔夫球、轮滑、运动风筝、瑜伽
10		阳美生态旅游度假区	骑行、太极、瑜伽
11		常州太湖湾旅游度假区	龙舟、垂钓、露营、滑草、户外拓展、高尔夫球、卡丁车
12	山东	烟台海阳旅游度假区	垂钓、帆船、游艇、水上自行车、攀岩、露营、摩托艇、高尔夫球、摩托车、沙滩排球、沙滩篮球、沙滩足球、沙滩手球
13		青岛凤凰岛旅游度假区	冲浪、快艇、帆船、潜水、海钓、骑行、滑翔翼、沙滩排球
14		烟台蓬莱旅游度假区	游泳、跑步、篮球
15		日照山海天旅游度假区	海钓、游艇、帆板、帆船、龙舟、骑行、露营、定向、小轮车、平衡车、沙滩足球、沙滩排球、足球、网球

（续）

序号	省级行政区	旅游度假区	体育运动项目
16	云南	昆明阳宗海旅游度假区	高尔夫球
17		西双版纳旅游度假区	无
18		玉溪抚仙湖旅游度假区	帆船、户外拓展、攀岩、露营、高尔夫球、射箭
19		大理大理古城旅游度假区	无
20	四川	峨眉山峨秀湖旅游度假区	射击、武术、围棋、太极
21		西昌邛海旅游度假区	垂钓、骑行、露营、跑步
22		成都天府青城康养休闲旅游度假区	漂流、室内滑雪、骑行、户外拓展、直升机体验、滑翔伞、卡丁车、跑步、高尔夫球、瑜伽
23	重庆	丰都南天湖旅游度假区	户外滑雪、露营、骑行、户外拓展
24		武隆仙女山旅游度假区	登山、骑行、篮球、网球、羽毛球、高尔夫球、马术
25	贵州	遵义赤水河谷旅游度假区	水上运动体验、房车露营、低空飞行、漂流、骑行
26		六盘水野玉海山地旅游度假区	双板、单板、户外滑雪、旱滑、山地摩托车、汽车拉力、越野摩托、漂流、骑行、户外拓展、滑翔伞、滑草、射击、陀螺
27	湖南	常德柳叶湖旅游度假区	皮划艇、垂钓、龙舟、露营、骑行、卡丁车、跑步、高尔夫球、马术
28		长沙灰汤温泉旅游度假区	无
29	江西	上饶三清山金沙旅游度假区	山地自行车、房车露营、蹦极、户外拓展
30		宜春明月山温汤旅游度假区	漂流、户外滑雪、徒步、滑翔伞、跑步、高尔夫球、围棋、板凳龙、斗牛、运动风筝
31	广东	深圳东部华侨城旅游度假区	户外拓展、航空飞行、高尔夫球
32		河源巴伐利亚庄园	游泳、室内滑雪、山地自行车、航空体验、高尔夫球、网球、木球

（续）

序号	省级行政区	旅游度假区	体育运动项目
33	安徽	合肥巢湖半汤温泉养生度假区	户外拓展、航空体验、卡丁车、射击、马术
34	西藏	林芝鲁朗小镇旅游度假区	无
35	广西	桂林阳朔遇龙河旅游度假区	游泳、漂流、垂钓、龙舟、铁人三项、室内滑雪、露营、攀岩
36	河南	平顶山尧山温泉旅游度假区	游泳、户外滑雪、山地徒步、航空体验、漂流
37	湖北	丹江口太极湖旅游度假区	漂流、龙舟、帆船、皮划艇、房车露营、蹦极、户外拓展、卡丁车、武术、太极、蹦床
38	海南	三亚亚龙湾旅游度假区	游艇、快艇、冲浪、帆板、潜水、高尔夫球
39	福建	福州鼓岭旅游度假区	垂钓、骑行、户外拓展、露营、跑步、高尔夫球
40	陕西	宝鸡太白山温泉旅游度假区	户外滑雪
41	新疆	伊犁哈萨克自治州那拉提旅游度假区	漂流、冰雪体验、滑草、营地、跑步、马术、摔跤
42	河北	张家口崇礼冰雪旅游度假区	户外滑雪
43	黑龙江	哈尔滨亚布力滑雪旅游度假区	垂钓、划船、游泳、户外滑雪、露营
44	上海	佘山国家旅游度假区	帆板、航空及车辆模型、高尔夫球、马术
45	吉林	白山长白山旅游度假区	游泳、户外滑雪、高尔夫球

对表 1-3 的运动项目进行分类整理，可将健身型体育旅游产品划分为山地户外运动、水上运动、球类运动、冰雪运动、航空运动、传统运动、汽车摩托运动、田径运动、健身健美运动、射击运动共 10 种运动项目类型。当前，45 家国家级旅游度假区开发最多的 5 种健身型体育旅游产品是山地户外运动旅游产品、水上运动旅游产品、球类运动旅游产品、冰雪运动旅游产品、航空运动旅游产品。

对 45 家国家级旅游度假区开发的健身型体育旅游产品类型数量进行统计，发现 45 家国家级旅游度假区的健身型体育旅游产品类型数量不均衡，开发的健身型体育旅游产品差距较大，9%的旅游度假区无健身型体育旅游产品，40%的旅游度假区开发有 7 种及以上健身型体育旅游产品。

（1）山地户外运动旅游产品。对表 1－3 的运动项目进行整理分类，并对山地户外运动旅游产品进行词频分析，可见 45 家国家级旅游度假区的山地户外运动旅游产品丰富，但开发差异较大（表 1－4）。

表 1－4 国家级旅游度假区的山地户外运动项目一览

序号	运动项目	词频	序号	运动项目	词频
1	露营	19	6	攀岩	3
2	骑行	16	7	定向	2
3	户外拓展	11	8	平衡车	3
4	徒步	2	9	蹦极	3
5	登山	5			

（2）水上运动旅游产品。对运动项目进行整理分类，并对水上运动旅游产品进行词频分析，见表 1－5。当前，开发了水上运动旅游产品的旅游度假区有 30 家，主要开发垂钓、游泳、帆船、龙舟、漂流等项目。

表 1－5 国家级旅游度假区的水上运动项目一览

序号	运动项目	词频	序号	运动项目	词频
1	垂钓	9	8	游艇	4
2	游泳	10	9	冲浪	4
3	帆船	7	10	桨板	3
4	龙舟	8	11	快艇	2
5	漂流	7	12	赛艇	2
6	皮划艇	5	13	潜水	2
7	帆板	5	14	海钓	2

（3）球类运动旅游产品。45 家旅游度假区中，共有 23 家旅游度假区开发有球类运动项目。其中，16 家旅游度假区开发了高尔夫球项目，在 23 家旅游度假区中占比 69.6%，在 45 家国家级旅游度假区中占比 35.6%。同时，在这 23 家旅游度假区中，有 12 家旅游度假区的球类运动项目只有高尔夫球；另外

11 家旅游度假区主要开发网球、棒球、橄榄球、篮球、足球、羽毛球、木球等球类项目，但开发度均不高。

（4）冰雪运动旅游产品。在全国 45 家国家级旅游度假区中，仅有 8 家度假区内设有户外滑雪场。尽管当前国家级旅游度假区的冰雪资源并不充裕，但在 2020 年第四批 15 家国家级旅游度假区中，已有 3 家以冰雪运动为特色旅游项目。这预示着未来将有更多度假区涉足冰雪运动旅游产品的开发。

即便多数度假区不具备天然冰雪条件，但可以通过建设室内冰雪世界或模拟旱地滑雪的方式，开发滑雪、冰雕艺术、雪地游乐等项目。目前，全国仅有四川成都的天府青城康养休闲旅游度假区、广东河源的巴伐利亚庄园以及广西桂林的阳朔遇龙河旅游度假区 3 家度假区内配备了室内冰雪乐园。相比户外滑雪场，室内冰雪乐园的最大优势在于全年无休，不受季节影响，可全年提供冰雪运动旅游体验。

（5）航空运动旅游产品。航空运动依托天空环境，对地面或水域条件的依赖性较低，理论上具备较高的开发潜力。然而，在全国 45 家旅游度假区中，仅有少数度假区引入了航空运动项目，占比相对较小，说明该领域仍有巨大的开发空间有待挖掘。

目前，度假区内开展的航空运动主要包括轻型运动飞机、动力悬挂滑翔、三角翼飞行、滑翔伞、热气球等项目，其中 2 家度假区还特别增设了航模飞行与航空车模体验。不过，对比《航空运动产业发展规划（2021—2025）》中所列举的六大类共计 26 项航空运动项目，当前度假区内提供的航空运动种类显然不够丰富，有待进一步拓展与创新。

（6）其他运动旅游产品。除了山地户外运动、水上运动、球类运动、冰雪运动及航空运动等主流运动类型之外，各旅游度假区还积极探索了汽车摩托、田径、射击、传统体育及健身塑形等五大类别的运动项目。在汽车摩托运动方面，度假区主要聚焦于卡丁车、全地形越野车及山地摩托车等项目，但整体项目种类尚显单一。鉴于多数度假区内配备有体育场馆、跑道及步道等设施，故跑步与登山等田径运动得以开发。射击运动领域，射箭与射击是最常见的项目，而飞镖、击剑等尚待进一步发掘。

在传统体育项目中，马术是最受青睐的，共有 7 家度假区设有马术项目，但其中 6 家度假区仅限于提供马术活动。除此之外，武术、太极、围棋、板凳龙、斗牛及摔跤等传统体育项目的开发程度相对较低。至于健身塑形运动，度假区内开发程度同样不高，主要以瑜伽及健身房锻炼为主。

（二）培训型体育旅游产品

培训型体育旅游产品是旅游度假区“体育＋旅游＋教育”的融合发展产物，是以体育培训为基本形态的一种体育旅游产品。目前，我国国家级旅游度假区已经推出了两种培训型体育旅游产品，一种是依托研学旅游基地进行体育研学旅行，另一种是依托旅游度假区的体育旅游设施开展体育冬夏令营。

（1）体育研学旅行。体育研学旅行是指教育部门和学校通过集体旅游、食宿的方式，针对地方体育特色文化，有计划、有组织地开展的一种集体育、旅游、教育于一体的综合化教育实践活动。根据体育活动的参与情况，将体育研学旅行分为两类。一类是学生亲身参与体验了体育运动，学习了运动技能，拓宽了体育运动视野的体育参与研学类产品。这类产品通常以冰雪运动、航空运动、水上运动、山地户外运动、高尔夫球运动等为主要内容。另一类是以观赏体育赛事、体育景观、体育表演，以及了解体育文化为主的体育观赏研学类产品。目前，我国国家级旅游度假区的体育研学旅行基地尚处于起步阶段，体育研学旅行基地较少。安徽合肥巢湖半汤温泉养生度假区有一家经纬度航空研学旅行基地，是巢湖市文化和旅游局、巢湖市教育体育局联合评选出的 2019 年第二批市中小学生研学旅行基地，是度假区内首个航空研学基地，是集知识型、教育型、科技型、研究型、旅游型为一体的航空研学基地。

（2）体育冬夏令营。根据依托的内容不同，体育冬夏令营可以大致分为两类。

一类是依托体育赛事开展冬夏令营培训。旅游度假区借助大型体育赛事开展体育冬夏令营培训，进行各国文化、体育运动技术的交流，弘扬地方特色文化。如江苏南京汤山温泉旅游度假区举办了 2019 年“一带一路”国际定向越野赛暨汤山温泉国际青少年户外定向越野训练营，吸引了来自 17 个国家和地区的青少年选手参加为期一周的定向越野训练。其间主要进行了定向越野的比赛、训练、交流，业余时间还组织参观了南京博物院、汤山直立人博物馆，进行了夫子庙夜跑活动和紫金山徒步活动，有效加强了青少年之间的体育技能训练和文化教育交流活动，传播了江苏美丽的自然风景和丰厚的人文历史，弘扬了和平合作、开放包容、互学互鉴、互利共赢的丝路精神。

另一类是基于旅游度假区良好的体育旅游资源和体育旅游设施建立相应的体育运动学校，开展体育冬夏令营培训。我国国家级旅游度假区的体育运动学校和体验基地较少，主要是依托冰雪运动资源开办滑雪学校。

（三）赛事型体育旅游产品

针对这类产品，应当将体育竞赛与旅游体验相结合，催生赛事旅游热潮，创新推出赛事导向型的体育旅游商品。据统计，2018—2020 年，全国 45 家国家级旅游度假区共举办了 93 场大型体育赛事，其中包括 62 场全国乃至国际级别的赛事，在数量上颇具规模。然而，各度假区内的体育旅游金牌赛事相对稀缺，截至 2024 年，仅有“国际雪联自由式滑雪雪上技巧世界杯”与“桂林阳朔攀岩节”两项赛事荣登“中国体育旅游十佳精品赛事”榜单。

（1）重大体育赛事。重大体育赛事因其广泛的吸引力，能够有效拉动参赛者和观众的旅游需求，进而刺激地方经济的增长。

（2）特色品牌体育赛事。特色品牌体育赛事是指旅游度假区根据地方文化和民俗体育特色所举办的、具有独特地域标志的品牌赛事。2018—2020 年，45 家国家级旅游度假区共举办了 31 场特色品牌体育赛事。这表明，仍有部分旅游度假区未能开发出具有较高知名度和赛事等级的特色品牌赛事，度假区的特色品牌体育赛事种类有待进一步丰富。在 31 场特色品牌赛事中，马拉松赛事的举办次数最多。马拉松赛事因其易于组织、市场广阔且无需中国田径协会审批的特点，无论是在赛事规模还是在数量上都实现了快速扩张。

二、体育旅游产品对旅游业发展的积极效应

从产业发展和旅游目的地演进的视角来看，体育旅游产品不仅丰富了旅游目的地的服务内容，还促进了其整体品质的提升，显著增加了经济收益，并有效提高了知名度。这些积极效应成为推动旅游目的地持续开发和推广体育旅游产品的重要动力。

（一）充实旅游目的地的服务内容

体育旅游产品的开发为旅游目的地注入了新的活力，带动了周边地区良好体育氛围的营造，并改善了当地的体育设施。例如，广西桂林阳朔攀岩节已成为国内外知名的体育旅游品牌，连续举办多年，不仅吸引了众多运动员的参与，还促进了阳朔攀岩设施的完善。同样，广东河源巴伐利亚庄园通过开发航空体验、室内滑雪等体育旅游产品，得到了政府的资金支持，用于进一步改善体育设施。

（二）助力旅游目的地品质升级

随着“体育＋旅游”模式的兴起，体育旅游产品成为推动旅游目的地升级的重要力量。以河北张家口崇礼冰雪旅游度假区为例，其凭借丰富的冰雪旅游产品，从省级度假区成功晋升为国家级度假区。

（三）拉动旅游目的地经济增长

体育旅游产品为旅游目的地带来了大量的运动休闲游客，极大地促进了当地经济的繁荣。如浙江淳安千岛湖旅游度假区，凭借其丰富的体育旅游产品，吸引了大量游客，实现了显著的经济增长。

（四）提高旅游目的地知名度

无论是健身型体育旅游产品还是赛事型体育旅游产品，都能有效提高旅游目的地知名度。例如，浙江宁波东钱湖旅游度假区通过打造多元化的体育旅游产品，不仅提高了在互联网上的搜索热度，还通过体育赛事吸引了大量游客，极大地提高了其知名度。

三、体育旅游产品的革新与优化策略

（一）制定地方体育旅游激励政策

建议已设立旅游度假区管委会的区域，出台专门支持体育旅游产品发展的政策措施，并将体育旅游产品列为旅游度假区重点培育对象。管委会应在产业发展规划中明确表示支持体育旅游产品的开发，践行“规划引领产品创新”的理念。同时，鼓励有能力的管委会制定体育旅游产品发展资金扶持政策，对符合条件的体育旅游产品给予财政补贴，比如对投资体育旅游产品的企业给予奖励，对规模较大、效益显著的体育旅游产品予以表彰。通过财政激励手段，重点扶植一批优质体育旅游产品，打造一个或多个体育旅游精品赛事、精品项目，形成以单项产品为核心的产业链，并向区域内发展滞后的产品辐射，提升“以点带面”的效果，实现区域体育旅游产品的快速增长，最终提升旅游度假区体育旅游产品的经济效益。

（二）指导体育旅游产品的创新

建议旅游部门与体育部门协同合作，启动旅游度假区体育旅游资源的认证工作，引导旅游度假区精准开发一系列优质且富有地方特色的体育旅游产品。体育旅游资源的认证工作应更加侧重对体育旅游人文资源的挖掘，全面梳理舞龙、赛龙舟等民俗体育活动。通过体育旅游资源的认证，积极创新体育旅游产品，逐步构建以地方民俗体育旅游为特色的品牌，形成“一年多次庆典”的民俗特色体育旅游新模式。

旅游部门应积极指导旅游度假区运用体育旅游资源开发体育旅游产品，同时在商品开发过程中注重体育旅游资源与体育经济的协同发展。遵循体育旅游资源开发与游客体验相协调的原则，建立资源开发的游客体验反馈机制，满足游客体验需求，提升游客体验满意度，增加体育旅游产品的复购率。

（三）大力开发体育旅游产品

坚持“体育+”的开发原则，积极创新体育旅游产品。①深化体育与旅游的融合，大力发展骑行、登山、房车露营、皮划艇、桨板、滑雪、滑翔伞、热气球、全地形越野车、越野摩托等健身类体育旅游产品；开发更多具有地方特色的自主体育赛事品牌，有实力的旅游度假区应争取举办更多国家级、国际级的大型体育赛事。②促进体育、旅游与教育的融合，依托旅游度假区的滑雪场、高尔夫球场、户外营地、体育训练基地等场地，创建滑雪学院、高尔夫学院、青少年研学基地等，开展体育技能培训。③推动体育、旅游与科技的融合，加强5G、AR（增强现实）、VR、MR（混合现实）、AI等高科技在体育运动中的应用，积极开发VR高尔夫球、VR滑雪、智能体育赛事等体育旅游产品。④促进体育、旅游与康养的融合，利用温泉、森林等自然资源，开发具有养生功能的温泉瑜伽、森林瑜伽等康养类体育旅游产品。⑤推动体育、旅游与文化的融合，开发以体育表演、体育景观为主要内容，以体育观赏为基本形式的体育旅游产品。⑥促进体育、旅游与农业的融合，开发以农业采摘为特色，融入体育赛事活动等体育元素的体育旅游产品。

（四）建立体育旅游产品体系

为避免体育旅游产品同质化，突出产品特色，在开发前进行市场调研至关重要。市场调研应紧密围绕游客在旅游度假区参与体育旅游的行为特征、动机、偏好等，开发满足游客多元化体育旅游需求的产品，提升游客的回头率。建议结合市场调研结果，优化旅游度假区的体育旅游设施布局，对体育旅游产品发展进行专题培训，围绕旅游度假区体旅融合、体育旅游产品现状与挑战、国外体育旅游产品发展经验等主题，提升管理层对体育旅游产品的重视程度，培养一批理论与实践兼备的体育旅游产品发展人才，以此推动体育旅游产品的高质量发展。

通过市场调研，开发更多符合游客需求的体育旅游产品，构建旅游度假区体育旅游产品体系。体育旅游产品体系的构建对于展示旅游度假区体育旅游特色、打造旅游引擎、向客源市场推广体育旅游产品、推动体育旅游业发展具有重要意义。在体育旅游产品体系构建过程中，应注重其“全季节性”“全民性”等特征，面向全年龄段人群开发全年可运营的体育旅游产品。

在优化体育旅游产品的过程中，须关注产品层级的充实，旨在满足低、中、高不同消费层次游客的需求，致力于构建多层次、多类型、多功能的体育旅游产品体系，在现有产品层级基础上拓展每一层的内容。同时，无论体育旅游产业发展还是产品开发，都应以打造文化品牌为核心。

第四节　体育旅游与环境的关系

一、生态环境保护的价值与准则

（一）生态环境保护的重要性

生态环境保护旨在研究并防止人类日常生活与工业建设活动对自然环境产生负面影响，寻求有效控制、治理和消除各类污染源对环境的负面影响，致力于环境的修复、美化与保护，以满足人类居住与工作对环境的基本需求。

在某种程度上，维护生态平衡、守护环境健康已深刻影响人类生存与社会发展，成为一个迫切需要解决的社会议题，必须引起高度重视。

（二）生态环境保护应遵循的准则

在开展生态环境保护工作时，必须依据一定的指导原则，具体涵盖以下几个方面。

（1）生态环境保护与建设双管齐下的原则。首先，应加大对生态环境建设的投入。其次，务必坚持保护优先、预防为主、防治结合的理念，推动生态环境的可持续发展。

（2）污染防治与生态环境保护并行不悖的原则。重点关注区域、流域环境污染与生态环境破坏的相互作用，将污染防治与生态环境保护纳入统一规划，同步推进。将城乡污染防治与生态环境保护有机结合，通过持续努力，推动城乡环境保护一体化的实现。

（3）全面考量，综合决策，合理开发利用的原则。科学处理资源开发与环境保护的关系，坚持在保护中开发、在开发中保护，确保经济发展遵循自然规律。实现近期与长远、局部与全局的和谐统一，资源开发活动须充分评估生态环境承载力，杜绝以牺牲生态环境为代价换取短期和局部经济利益的做法。

（4）开发者保护，破坏者恢复，使用者付费的原则。明确生态环境保护的责任、权利与义务，综合利用法律、经济、行政与技术手段，建立健全生态环境保护机制，确保生态环境得到有效维护。

二、自然环境保护与体育旅游的协同进步

体育旅游和自然环境之间存在着相辅相成的关系。优美的环境为体育旅游提供了生长的土壤，要推动体育旅游的发展，必须重视并实施环保行动；同时，环境保护工作亦需体育旅游带来的经济效益作为后盾。

居住在都市中的人们，常常遭受空气、噪声和土地污染等问题的困扰，但每位旅者都渴望自己踏足之地保持纯净无污染。此矛盾在体育旅游领域尤为突出。因此，须投入资金改善环境，环境质量的提升将吸引更多游客，体育旅游的收益则来源于游客的消费。

三、体育环境与体育旅游资产

（一）体育环境

体育环境实质上涵盖了自然环境与社会环境两大范畴，它是由与体育活动紧密关联、互相影响、互相限制的各种要素构成的综合体。

1. 自然体育生态

人类生存与成长所依存的所有自然条件的集合，构成了我们所说的自然环境。因此，体育活动所依托的自然环境，即那些与体育活动紧密相关、对其有重大影响且与体育发展形成互动的自然实体的集合。在从事体育活动时，人们从自然环境中直接或间接获取所需资源，为体育活动提供场地、资源的自然环境成为体育活动得以开展的基础。体育自然环境的好坏，会极大地影响体育运动的发展速度与质量。体育自然环境的范围广泛，大致可划分为两类：一是直

接决定体育活动的空间、位置、地形、地貌、气候、水文、土壤、岩石、植被与动物等的原始自然条件，它们是体育发展的根基和前提；二是经由人类劳动改造后的自然环境，即体育人造环境。

2. 社会体育生态

与体育活动密切相关、对其有重要影响并与体育发展形成互动的社会条件的总和，即我们所说的体育社会环境。其主要内容涵盖三个层面：一是政治生态，包括政党的状态、民主政治体系、政策法规等宏观社会机制，对体育发展起到指导和保障的作用；二是经济生态，指的是影响、约束和推动体育运动发展的所有经济因素的集合；三是文化生态，即除政治、经济因素外，对体育有一定影响力、与体育发展形成互动的其他社会条件的总和。

（二）体育旅游资产

体育旅游业的运作需依托特定的旅游资产作为支撑。一般而言，体育旅游资产可细分为以下几类。

1. 自然体育旅游资产

体育旅游资产源于自然旅游资产，这类资产是大自然赋予的馈赠。地球表面可划分为岩石层、生物层、水层与大气层。岩石层的地形与地质特征构成了吸引人的自然景观，适宜于攀岩、远足、探险与骑行等户外体育活动。水层孕育了河流、湖泊、瀑布、海岸线及温泉等地形，为皮划艇、游泳、滑冰与潜水等水上体育项目提供了理想环境。生物层则形成了森林景观、动植物保护区以及特色动物栖息地，成为探险、攀登与徒步旅行的理想选择。

2. 人文体育旅游资产

人文体育旅游资产虽也源于自然，但更多是人类历史积淀与文化创新的产物，体现了社会、历史与文化的多元影响。在体育旅游领域，最具价值的人文资产往往是人类历史进程中遗留下的遗址、建筑、雕塑、壁画、文学作品、陵墓等，它们记录了特定历史时期的生产力水平和社会风貌，是人类精神财富的瑰宝。

值得一提的是，体育旅游资产的自然属性意味着它们仅能被游客现场体验，无法被个人占有，也不能被移动，体现了其独特的不可替代性和公共性。

第二章

体育旅游发展综述

体育旅游拓宽了旅游与体育两大行业的市场边界，演变为旅游产业的新兴焦点与消费市场的热门趋势。将体育旅游产业的壮大作为社会经济转型发展的重要途径，聚焦项目带动，构建标志性赛事，强化地区协同，促使旅游成为深化“新体育”概念、拓展其领域范围的有力手段。此举为加速体育强国与旅游大国的建设进程增添了强劲的驱动力。

第一节 体育旅游发展的基础理论

一、体育旅游发展的指导思想

（一）综合系统理念

体育旅游产业作为一个错综复杂的体系，兼具有序性和整体性特质，同时展现出复杂性特点。因此，发展体育旅游产业须妥善协调系统内部各组成部分之间的关系，确保产业系统的有序发展。同时，加强体育旅游产业与其他产业的联系，构建互利共赢的产业格局。遵循综合系统理念，构建科学完善的产业体系，形成具有自我调节能力的动态平衡结构，保证体育旅游产业的健康发展，持续推动体育产业体系的适度开放，激发产业创新活力。

（二）开放融合策略

体育旅游产业的发展须打破体育资源和旅游资源的界限，主动与能促进产业创新的关联产业进行整合，实现产业重组，培育新型业态。通过产业间的开放融合，优化体育旅游产业结构。跨国体育旅游活动促进了人才、资本、信息的国际流通，为体育旅游产业的国际化提供了良机。秉持开放融合策略，体育旅游产业凭借其独特行业属性和产业优势，通过人员交流、国际合作等渠道，积极借鉴国际先进体育旅游发展经验，同时增强产业的开放性，吸引海外游客，促进国际经济交流。

（三）产业协同规则

产业协同是指产业链上下游企业在生产、销售、管理、技术等领域形成紧密配合与协作，达成高度一致性与和谐性。产业间的协同作用能提升企业效益，形成产业竞争优势。体育旅游产业是体育产业与旅游产业融合的产物，其发展需要体育、旅游及其他关联产业的共同推动。体育旅游企业应与相关企业建立有效合作关系，通过资源互补、联合研发、结构优化等手段，实现产业协同，促进新产业链的形成与价值创造。

（四）创新驱动方针

创新驱动是企业持久发展的基石，是市场竞争的利器。体育旅游产业作为体育产业与旅游产业融合的创新成果，属于具备独特属性的新兴产业。在互联网等高新技术迅猛发展的当下，创新成为体育旅游产业发展的关键驱动力。为了迎合消费者个性化需求，保障产业持续繁荣，体育旅游产业必须贯彻创新驱动方针。在创新体系中，理念创新、体制创新、科技创新、产品创新等是其内在动力。同时，互联网等先进技术的创新为体育旅游产业提供了重要路径与平台。在创新思维的引领下，体育旅游产业运行更加高效，有助于产业结构优化升级，推动体育旅游产业的快速发展。

二、体育旅游发展的支撑架构

体育旅游产业的运作架构充当着产品发布与营销、资讯传播与交流的核心媒介，是承载体育旅游业务活动的关键基础设施。在运营过程中，体育旅游产业不仅需借鉴体育与旅游两大行业的既有模式，更需依据自身特性进行优化与革新，持续充实产业内涵，探索创新运营机制。概括而言，体育旅游产业的运作架构涵盖线下实体架构与线上数字信息平台两大核心板块，两者相辅相成，共同构筑体育旅游产业稳健前行的坚实基石。

（一）实体架构

实体架构构成体育旅游产业运转的根本基石，是参与者实际体验的舞台。

在此架构中，各方能够面对面交流，直接表达观点，实现资讯的即时交换与资源共享。实体架构为体育旅游产业的成长奠定物质根基，是产品革新与服务升级的重要支柱。体育旅游产业的主要实体架构包括旅行社、体育旅游俱乐部、体育旅游行业协会及相关企业等多元化组织形态。这些实体架构不仅为参与者提供了接触点，还促进了产业内部的紧密合作与协同发展。

(1) 旅行社。旅行社是推动体育旅游产业蓬勃发展的关键平台。它不仅负责策划体育旅游赛事、组织活动、开拓市场，还负责在体育旅游产品上进行创新和宣传。从前消费者常常依赖旅行社等传统门店来获取体育旅游信息。随着消费者需求的多样化和市场的变革，旅行社也在积极转型为体验店，以满足体育旅游产业的体验性需求，成为最直接的宣传窗口。

(2) 体育旅游俱乐部。体育旅游俱乐部是一个集结了体育旅游爱好者、产品制造商等共同兴趣者的组织。它为体育产业与旅游产业的结合提供了土壤，推动了体育旅游活动的多样化。俱乐部成员之间不仅交流知识、分享经验，还共同举办特色活动，深化了体育与旅游的融合。

(3) 体育旅游行业协会。体育旅游行业协会是连接政府机构与体育旅游企业的桥梁。它提供咨询、沟通、协调等服务，为体育旅游产业的健康快速发展搭建了一个资源对接的平台。作为一个非营利性的行业组织，它在备案登记的基础上发挥着特殊的作用。

(4) 相关企业。体育旅游产业的成功运行离不开体育企业、旅游企业、支撑服务型企业等多方合作。体育企业为旅游提供场地和设施，旅游企业为活动提供娱乐服务，支撑服务型企业则进一步丰富了产业体系。这些企业通过举办活动、承办赛事、推广品牌等方式，实现了体育、旅游及相关产业的深度融合，提升了体育旅游产业的附加值。

(二) 数字信息平台

在互联网技术日新月异的今天，网络信息传输的高速与便捷为体育旅游产业带来了全新的运营模式。善用数字平台的特性，能显著加快体育旅游产业的成长步伐，进一步提升其商业价值。

(1) 电子商贸。体育旅游电商通过互联网这一媒介，依托体育旅游数据库与电子银行系统，构建了一个前沿的电子化商务体系，致力于体育旅游产业及其分销网络的数字化运作。这一平台不仅为体育旅游产业提供了在线营销的舞台，还促进了知识共享与交流，为消费者与供应商搭建了便捷的交易平台，对体育旅游产业的经济效益提升与转型革新具有重要意义。

（2）网络社群。网络社群是基于互联网的虚拟社区，围绕特定主题聚集了兴趣相投的用户。体育旅游产业可通过各类网络社群进行品牌建设和市场拓展。一方面，网络社群作为虚拟空间的信息交互平台，通过成员间的互动，有助于收集对体育旅游产业有益的信息，提升活动吸引力；另一方面，垂直领域的社群应用软件（App）针对特定消费群体定制，丰富了体育旅游产业的线上平台内容。

（3）搜索引擎。搜索引擎为体育旅游爱好者快速定位有价值信息提供了便利。专业垂直搜索引擎整合了门户网站、专业网站、博客、论坛等资源，通过体育旅游供需双方的互动，将检索信息与用户兴趣点细分为社会媒体和专业数据窗口，助力消费者出游意愿的明晰。体育旅游企业可依据用户搜索行为，运用大数据分析技术，提取有价值的信息，为决策提供数据支持。

（4）智能服务。智能服务是体育旅游产业运行的关键网络平台，融合了云计算、物联网等前沿技术，将互联网深度应用于体育旅游领域，催生了资源高效配置的新业态。智能服务平台作为智慧体育与智慧旅游融合的桥梁，为体育旅游活动中智慧医疗、智慧交通、智慧零售等功能的实现提供了基础，提高了科技对体育旅游产业的贡献度和资源匹配效率。智能服务与体育旅游产业的结合，极大地激发了产业潜能，是互联网技术与体育旅游产业融合的典范，对产业转型升级与区域经济拉动起到了积极作用。

三、影响体育旅游发展的因素

（一）消费者需求

消费者需求是体育旅游产业发展的核心驱动力。消费者对体育旅游产品和服务的渴望与需求，构成了体育旅游参与者对体育旅游产品或服务的基本诉求。消费者需求及其驱动因素的显现，是体育旅游产业萌芽与壮大的基石。随着生活质量的提升和生活方式的变迁，消费者需求呈现出从低级向高级演进的趋势，体现出多样化与多层次的特征。为了适应消费者需求的持续变化，体育旅游企业致力于创新产品，向市场提供丰富多样的产品和服务。消费者需求的拉动作用是体育旅游产业成长的关键动力，体育旅游消费需求随市场环境的变化而不断调整。

消费者需求的新趋势为体育旅游产业开拓了广阔前景。一方面，个性化与综合化需求兴起。生活水平的提升促使人们的需求和消费模式发生转变，对体育健身的消费意识增强，个性化需求日益凸显，消费者不再仅满足于产品的基本功能，而是趋向于寻求全面的产品解决方案，这推动了体育产业与旅游产业的深度整合。另一方面，出现了健康化与绿色化倾向。在绿色发展理念深入人心、全民健身蔚然成风的背景下，体育旅游产业获得了广泛的民众支持。作为一种追求放松、休闲与挑战的生活方式，体育旅游契合了消费者对健康化与绿色化的需求，展现出强大的市场潜力。

（二）政府政策

政府政策是体育旅游产业发展的主要催化剂。体育旅游产业在起步阶段面临着较高的风险与挑战，如融资困难、资源获取不易等问题，此时，政府通常承担起领航者的角色，引导企业投身体育旅游领域。作为新兴产业，体育旅游产业亟须政策扶持。政府通过制定相关政策，为体育旅游产业明确了发展方向，激励富有创新精神的企业加入，持续推动产业的壮大。此外，政府在管理体系与行政流程上的持续创新，为体育旅游产业营造了灵活高效的发展环境。

政府政策应时而动，助推体育旅游产业的繁荣。全域旅游理念倡导从封闭的旅游闭环向开放的“旅游＋”融合模式转变，这一理念无疑为体育旅游产业营造了优越的发展氛围，创造了有利的发展条件。体育旅游作为全域旅游的关键组成部分，能够有力促进全域旅游的全面发展。诸如马拉松、骑行、登山等户外休闲活动的兴起，让参与者能在一次旅行中体验多个地区的风情，跨越地理界限。因此，运用全域旅游理念整合体育资源，以体育为纽带连接各区域，能够满足体育旅游消费者的需求，助力全域旅游模式的转型。

（三）技术进步

技术革新是体育旅游产业发展的核心驱动力。技术进步对经济发展的最直接且关键的影响在于推动新兴产业的诞生与成长，赋予新兴产业生命力，确保其长期稳定发展。一旦某项技术趋于成熟，且有企业通过采用该技术取得成功，市场激励将促使企业扩大生产，增强竞争力，吸引更多竞争者涌入，推动产品与市场规模的扩大，进而催生新兴产业。体育旅游产业作为新兴产业，同样受益于技术进步的推动。一方面，技术进步为体育旅游产业的创新与成长提供了条件，通过新技术的应用，加深体育与旅游的融合，促进体育旅游产业的繁荣。另一方面，技术进步有助于挖掘顾客价值，为体育旅游产品的研发与推广提供平台，加速产品价值的实现，从根本上驱动体育旅游产业的前进。

技术革新激发体育旅游产业的创新活力。新技术的涌现推动了体育旅游产品的创新。技术进步尤其是信息技术的持续演进，被广泛应用到体育旅游产业中。例如，利用大数据分析运动项目，准确把握消费者需求；借助移动互联网构建社区，为体育旅游消费者提供定制服务；通过智能化场馆管理，整合场馆信息，优化定价与预订功能。新技术与新方法的引入，为体育旅游产业的优化提供了科学工具，使体育旅游产品更贴近消费者需求。“互联网＋”时代，每个人都是信息的载体和数据资源的重要来源，垂直社群与自媒体为体育旅游的传播开辟了更广阔的途径。“互联网＋体育旅游”为体育旅游产业的发展指明了新路径和新方向，促进互联网与体育旅游产业的跨界融合，深化体育与旅游的融合。

（四）资源基础

体育旅游资源基础对体育旅游产业运行具有重要影响。产业资源指的是产业运行中所需的各种要素，是产业发展的物质基础。能够显著提升产业核心竞争力的资源被称为产业核心资源。产业核心资源具有独特性，面对科技的飞速进步与全球经济一体化的加速，市场竞争日趋激烈，产业能否占据竞争优势在很大程度上取决于是否拥有独一无二的产业资源。产业核心资源的稀缺性不仅加剧了企业对资源的竞争，还驱动企业对资源进行深度开发和挖掘以提高资源利用效率，使产业发展呈现多样化趋势，为产业注入新的生命力。

健全体育旅游资源体系为体育产业发展奠定坚实基础。体育旅游资源体系涵盖体育旅游基础设施、体育旅游产品项目、体育旅游相关赛事等多个方面，不断健全的体育旅游资源体系为体育旅游产业的繁荣提供了有利条件，为体育旅游产业的持续健康发展提供了有力保障。第一，近年来，我国体育旅游设施的建设步伐明显加快，为体育旅游产业的发展提供了坚实的物质支撑，呈现出体育场地规模扩大、使用效率提升、经营模式多样化的良好态势。LBS（基于位置的服务）定位预订功能的普及、智慧场馆运营商的出现，增强了体育场地的运营带动作用，为体育与旅游的相互促进创造了有利条件。第二，体育旅游产品项目为体育旅游产业的发展提供了重要渠道。跑步健身、登山攀岩、射击射箭、极限运动等潜力项目逐渐受到大众青睐，公众参与热情日益高涨，休闲健身项目的推广激发了公众参与体育活动的热情。第三，我国积极引进国际顶级赛事，提升了体育旅游产业的品牌影响力。奥运会、亚运会等大型综合性赛事的引进，国际马拉松赛等一系列专业化赛事的举办，推动了体育赛事格局的多元化、多层次发展，促进了体育旅游活动的繁荣，加速了体育旅游产业的深度融合。

（五）企业行为

企业行为是体育旅游产业运行的内在动力。企业行为指的是企业为达成特定目标而实施的社会活动。作为产业发展的关键参与者，企业不仅是推动产业前行的主力军，也是驱动产业运行的内生动力。企业行为对产业发展的影响是全方位的，企业进入或退出目标市场的决策左右着产业的方向与结构布局，生产与投资活动影响产业增速，技术选择与研发实力则关乎产业的质量与结构优化。为了应对环境变化，企业通过获取核心资源、加大研发投入等措施来提升自身竞争力，这些积极举措同样为产业发展提供了推动力。

体育旅游企业作为体育旅游产业的核心经营与创新主体，其行为对体育旅游产业的竞争力与效率有着深远影响。体育旅游企业通过掌握体育旅游资源，持续满足消费者对提升产品质量、合理定价、营销策略等的需求，以争取更大市场份额，提升产业绩效与竞争力。企业通过科技创新、人才培养、模式革新等途径，提高运营效率，深化专业化水平，推动创新链与产业链的紧密结合，实现产业的可持续发展。

资源争夺与商业模式创新促进体育旅游产业发展。一方面，企业对体育旅游资源的激烈争夺推动了体育旅游市场的扩张。体育旅游资源成为企业竞相追逐的焦点，率先获取体育旅游资源有利于企业占据竞争的制高点。我国企业在体育资源尤其是体育旅游资源的争夺中异常活跃。另一方面，企业对体育旅游商业模式的创新指引了产业发展路径。在体育旅游产业蓬勃发展的过程中，适应体育旅游特点的商业模式逐渐成形，展现出多种形态。例如，海航体坛、海涛旅游等专业体育旅游产品供应商的出现，促使产业各环节形成新颖的商业模式，为体育旅游产业的未来发展描绘了蓝图。

（六）竞争环境

竞争生态推动体育旅游产业的进化。体育旅游产业在激烈的市场竞争中持续演变，竞争生态犹如催化剂，引领体育旅游产业向着健康稳定的方向迈进。依据生态经济学的原理，尽管企业生产同类型体育旅游产品，但产品特性各异，所有参与体育旅游产业经济活动的实体构成了一个生态系统。该系统内的各个要素如同生物种群一样，既相互依存、协同合作，又在争夺区域资源和市场份额方面展开竞争。

多样化的竞争促进体育旅游产业的成长。基于体育旅游产业的独特属性及市场主体间的竞争动态，竞争环境可细分为直接竞争与间接竞争两大类。当体育旅游企业间存在清晰的对立或直接的较量时，称其为直接竞争；当竞争关系较为隐蔽、间接且不明显时，则归为间接竞争。通常，生产类似产品或提供相近服务的企业间会形成直接竞争，那些生产替代品或提供替代服务的企业则倾向于间接竞争。无论哪种形式的竞争，体育旅游产业内部的竞争都不仅体现在产品与服务上，还涉及对人才、技术、资本等关键资源的争夺。这种多元化的竞争机制激发体育旅游企业不断创新，推动整个产业加速前行，蓬勃发展。

四、体育旅游发展的保障

（一）政府职能护航

政府职能是确保体育旅游产业平稳运行的关键，其在体育旅游产业发展中所承担的责任与功能，对体育旅游产业的健康发展起到至关重要的保障作用。在市场失灵的情况下，政府扮演着引导者与调和者的角色，通过宏观调控，促进体育旅游产业快速、持续、健康成长。在顶层规划、法治建设、打破市场壁垒、发掘地方特色、健全投融资机制等方面，政府应履行基本职能，为体育旅游产业的顺利运行提供制度支撑，为产业的健康成长提供行政协助。

（二）产业政策支撑

产业政策是由国家及各级地方政府制定，旨在指导体育旅游产业明确发展方向、调整产业结构、促进产业升级的政策体系，对实现体育旅游产业的可持续发展至关重要。任何产业的兴盛都离不开国家产业政策的扶持，产业政策是体育旅游产业运行中的关键保障，深刻影响着产业的发展轨迹。鉴于体育旅游产业对资源与环境的依赖性，其在规模、活力等方面相较于成熟产业尚显薄弱，急需有效的产业政策作为推动力。体育旅游产业政策应紧密对接国家体育旅游发展战略，同时根据产业发展态势适时调整，持续营造有利于体育旅游产业运行的政策环境。

产业发展政策、产业结构政策、产业组织政策共同构筑了体育旅游产业运行的政策保障网，共同促进体育旅游产业的健康发展。体育旅游产业的运行需要产业发展政策的保驾护航，通过科学手段详尽调研产业发展现状，制定一揽子产业发展政策，引导体育旅游产业实现从不成熟向成熟、从不协调向协调、从低端向高端的有序过渡，实现产业规模的扩大、产品种类的丰富。体育旅游产业的运行需要产业结构政策的支撑，科学规划产业内部各要素的相对地位、关联机制、生产效率及供需平衡，探索体育旅游与关联产业的融合路径，推动体育旅游服务业的壮大，促进体育旅游产业结构的优化与升级。体育旅游产业的运行需要产业组织政策的保障，出台规范体育旅游市场结构、参与者行为的政策措施，化解企业规模经济与竞争活力的矛盾，优化体育旅游市场结构，以达到最佳的市场绩效。

（三）区域经济支持

区域经济是保障体育旅游产业平稳运行的外部环境，是特定区域中内外因素交织形成的经济综合体。体育旅游产业的发展受制于自然条件、社会经济状况及技术经济政策等区域经济因素，良好的区域经济发展环境是体育旅游产业运行的必要条件。体育旅游产业是资源依赖型产业，体育旅游资源的地域性决定了体育旅游产业的区域特性。不同区域的资源优化配置方式各异，各地的体育旅游资源与支撑资源有限，体育旅游产业的运行须实现区域内资源的最优配置，以实现最大的经济社会效益。体育旅游产业与区域经济相辅相成，产业的升级带动区域经济增长，区域经济的高质量发展又为体育旅游产业提供了坚实的支撑。

与传统旅游产业相比，体育旅游产业更凸显区域特色，其发展以赛事、自然体育资源、运动休闲项目等为依托。无论是哈尔滨依托冰雪资源发展的滑雪旅游，还是北京借奥运会东风打造的赛事旅游，均体现了体育旅游产业以区域资源为导向的开发模式，体育旅游资源丰富的城市或地区成为体育旅游产业发展的热点。

第二节　国外体育旅游的产生与发展

一、国外体育旅游的发展历程

早在原始社会时，体育活动便已萌芽。追溯众多国家的历史文献，可发现体育旅游的雏形早已有之。远至15世纪，体育活动已成为激发旅行欲望的因素之一。进入16世纪，交通的便捷化促进了人们的出行，体育活动渐受欢迎。例如，英国贵族子弟流行赴欧洲大陆游历，庄园主或贵族时常在自家庄园举办趣味运动会或聚会。伴随全球交通网络的完善与城市化进程的加速，体育旅游产业应运而生，众多人士专程前往旅游胜地开展体育活动。

19世纪中叶，英国成立了登山俱乐部，随后挪威、瑞士等国相继创立滑雪俱乐部，英国的野营俱乐部与法国、德国的休闲观光俱乐部亦相继成立。这些俱乐部的兴起，不仅满足了游客对地域特色体验的需求，也顺应了体育旅游的新潮流，标志着旅游业商业化的序幕拉开。19世纪下半叶，社会进步与生活水平的提升激发了人们对室内娱乐和户外运动的热情，体育健身与休闲活动的规模不断扩大。步入20世纪初期，以休闲为导向的体育健身业在欧美国家崭露头角。20世纪后半期，体育旅游产业迅速壮大，体育娱乐项目日益丰富，体育设施不断完善。步入21世纪，旅游产业的飞速发展赋予其更深层次的内涵，体育旅游产业加速转型升级。体育旅游与休闲产业深度融合，新兴项目层出不穷，普及率显著提升。

二、国际体育旅游的整体面貌与特性

当前，国际上普遍将体育旅游区分为参与式体育旅游与观赏式体育旅游两大类。在发达国家，参与式体育旅游作为一种流行风尚备受追捧。与此同时，这些国家频繁承办大型国际赛事，拥有成熟的国内联赛市场开发体系。鉴于观赏式体育旅游占比的持续攀升，其研究价值愈发凸显。在欧美发达国家，体育旅游市场日趋成熟，规模日渐壮大，经营渠道不断拓宽，对资源的可持续利用尤为重视，从而实现了可观的经济效益。

澳大利亚政府大力推动体育旅游项目，项目内容广泛，涉及环境考察、国内外市场分析、发展规划及执行等多方面。澳大利亚政府根据项目内容，从不同角度制定针对性策略。合作沟通、科研教育是澳大利亚体育旅游发展战略的核心。澳大利亚民众坚信，体育旅游经济对国家经济的促进作用不容小觑。

法国在旅游开发与运营领域实力雄厚，接待游客量巨大，甚至超过本国人口总数，彰显了其在全球旅游市场中的领先地位。法国民众视旅游为生活不可或缺的一部分。法国坐拥丰富的体育旅游资源，常年举办大型赛事，有效推动了旅游产业的转型与升级。法国政府高度重视体育旅游，出台一系列扶持政策。再加上法国体育明星的积极宣传、国民对体育旅游的旺盛需求以及体育教育的蓬勃发展，共同构成了法国体育旅游产业持续稳定发展的坚实基石。

瑞士的体育旅游在国际旅游界独树一帜。作为全球冰雪运动旅游的先驱，瑞士以登山滑雪为切入点，率先在该领域推出创新项目。伴随科技的进步，瑞士政府在完善基础设施方面投入巨资。鉴于冰雪运动对基础设施的高依赖性，瑞士政府的大力投入得到了丰厚回报，冰雪运动旅游成为瑞士经济的重要支柱之一。

总而言之，体育旅游作为一项复合型服务业，其发展壮大须多维度因素的协同推进。体育旅游不仅对经济增长产生催化作用，亦能作为媒介带动体育周边产业的繁荣。在政府的积极引导下，体育旅游正逐步走向成熟和完善。历经百年发展，体育旅游与现代生活方式的融合使其焕发出新的活力，成为民众休闲生活不可或缺的组成部分。多数发达国家能够充分挖掘并利用体育旅游资源，有效促进经济增长，使之成为社会休闲产业中举足轻重的一环。

三、国外体育旅游研究的焦点

体育旅游行业在全球范围内引起了广泛的研究和探讨，其影响跨越多个行业领域。国外的研究者通过跨领域、多维度的分析，深入探讨了体育旅游行业的各个方面。

20 世纪 80 年代末，权威的体育机构开始研究赛马行业，期望开发新的服务领域。之后，英美等国专家深入剖析了体育服务周边行业，形成了较为完善的理论体系，这些理论进一步推动了体育旅游产业的发展。

随着体育旅游行业的持续发展，多国学者对心理学领域进行了深入研究。例如，美国学者针对不同年龄和身份的体育旅游游客进行了调查，认为体育旅游对人们具有显著的益处，有助于游客身体健康和心理放松，为游客带来深层次的满足和愉悦。

学者们通过案例分析，强调了旅客在体育旅游行业中的核心地位。旅客的反馈成为体育旅游行业完善的重要方向。英国学者基于发展动机的视角，经过综合调研指出，海洋旅游业具有巨大的发展潜力。政府应加速基础设施建设，培养专业人才，以充分利用海洋旅游资源，并推动整个旅游业的创新发展。

在研究方法上，专家学者不仅关注理论知识，还通过实践活动和案例分析来验证其可行性。例如，对 2005 年英国与爱尔兰橄榄球队在新西兰的体育竞赛活动的研究，揭示了旅游者的消费特点和管理需求，指出体育旅游是经济发展的新模式，具有显著的经济效益和文化推广作用。

总之，国外对体育旅游项目的研究广泛而深入，涵盖了社会学等多个方面，具有较高的说服力和实践意义。他们结合消费者的心理和行为，从文化等多个视角出发，深入探讨了体育旅游带来的经济效益。这种理论与实践的结合，不仅提高了经济效益，也提升了体育旅游业的整体价值。

第三节 我国体育旅游的产生与发展

自 20 世纪 80 年代起，我国的体育旅游业逐渐融入民众的日常生活中，成为不可或缺的一部分。在跨入 21 世纪前，国内关于体育旅游的专业文献和参考资料尚不多见。1991 年，刘杰先生发表的《论体育旅游》一文堪称里程碑，这是国内首次对体育旅游的兴起与发展进行深入分析，为我国体育旅游的理论框架奠定了基石。历经几十年的学术探索和实践积累，研究方向从早期侧重于旅游的视角转向了更加注重体育内涵的挖掘。

随着我国经济的持续增长和民众生活质量的提升，政府及相关机构对体育旅游的重视程度显著增强。自 2008 年北京奥运会以来，体育旅游领域的学术文献数量呈现出起伏增长的趋势，这反映出我国体育旅游产业正处于稳步上升阶段，逐步迈向成熟。

一、我国体育旅游的研究现状

（一）体育旅游产业发展研究

当前，体育旅游产业的研究焦点主要集中在地域性发展、创新策略、产业作用以及不同背景下的产业发展策略等方面。金媛媛、张琳、周鹏等学者对我国体育旅游产业的现状进行了深入分析，指出体育与旅游两大产业虽已初步融合，但仍存在诸多挑战与不足。周文福、刘德军、苏莉等针对产业发展面临的障碍、制约因素以及策略进行了探讨，揭示了体育旅游产业有着巨大的市场潜力和消费群体，同时指出了在开发与管理上的不足。郝胜利、姜晓丽、韩雁南等从体育旅游产业的作用角度进行研究，强调了其在社会、经济、人文等方面的积极贡献，并提出了推动产业发展的建议。

我国旅游活动历史悠久，具有深厚的文化底蕴和广泛的经济效益。传统旅游多以观赏为主，但随着人们生活水平的提高，单一的旅游模式已难以满足现代人的需求。因此，多元化的旅游模式逐渐涌现，其中体育旅游备受青睐，特别是年轻群体尤为青睐。体育旅游不仅能提供休闲体验，还能促进身体健康，符合现代人追求健康生活的理念。

然而，随着体育旅游产业的快速发展，也面临着一系列挑战。从体育旅游产业资源开发的角度看，多位专家与学者从多个维度进行了深入探讨。虽然不同学者在部分层面持有不同观点，但大多认为政府在规划、政策制定等方面存在不足，且不同地区的地理环境、自然条件差异导致体育旅游产业发展不均衡。因此，各地政府应加强规划，整合优质资源，以促进体育旅游产业的更高效发展。

（二）体育旅游资源开发研究

体育旅游资源的挖掘与利用是推动体育旅游业繁荣的关键，直接影响着体育旅游的吸引力和市场潜力。随着国民生活水平的提升，体育旅游作为一种集休闲、娱乐与健身于一体的新型消费方式，正日益受到人们的青睐。赵承磊教授通过理论与实证研究，强调城市体育旅游对提升城市活力、促进经济发展的积极作用，倡导从广义、中义、狭义三个维度全面理解城市体育旅游，为行业发展提供指导。曹扬、王志明等学者深入剖析体育旅游资源特性，揭示其兼具体育、自然、社会、经济等多元属性，以及休闲、体验、专业、地域等特色。姜亚含老师则聚焦于全域旅游视角下的体育旅游产品设计，指出产品多样性对于满足不同年龄层消费者需求的重要性。

（三）体育旅游安全管理研究

安全是体育旅游可持续发展的基石。面对体育旅游中频发的安全事故，研究者们愈发重视安全管理和风险控制。李锦老师从现状分析、制约因素探讨及管理策略制定三方面系统研究体育旅游安全问题，为行业健康发展提供理论支撑。吴俊杰等学者通过案例分析，揭示消费者对体育赛事旅游安全认知的差异，特别指出 41～50 岁群体高度关注安全问题，为提升体育赛事安全性与顾客满意度提出建设性意见。冯魏全、孙延旭、刘凤香等则致力于构建体育旅游安全体系，呼吁社会各界共同参与，以科学方法和策略加强安全保障，确保体育旅游行业的稳健前行。

总之，体育旅游资源开发与安全管理是体育旅游业发展的双翼，两者相辅相成，缺一不可。未来，深化体育旅游资源的创新利用，强化安全管理机制，将是推动体育旅游业高质量发展的必由之路。

（四）体育旅游地域特色研究

我国的体育旅游展现出鲜明的地域色彩，如东北地区的冰雪运动、沿海地带的海洋体育活动等，构成了多彩的体育旅游图谱。体育旅游产业与地方软实力相辅相成，促进了当地基础设施的完善，增强了社区凝聚力，丰富了文化内涵，提升了区域知名度，但也对传统项目和生态环境构成一定压力。

（1）湖南体育旅游特色构建。肖文娟教授强调，湖南体育旅游发展应依托本土特色与优势，融合湖湘文化精髓，形成独树一帜的旅游品牌。其主张体育与旅游深度融合，彰显地域文化魅力。

（2）山东体育旅游产业升级。孙传伟建议，山东应优化现有体育旅游项目，明确发展方向，重点培育特色体育旅游产品。其倡导体育部门整合资源，加大对高难度体育旅游项目的投入，促进体育与旅游产业协同高效发展。

（3）潮州海洋体育旅游探索。陈升忠等研究者详细解析了潮州海洋资源，评估体育旅游开展条件与现状，倡导基于旅游业发展动态调整策略，注重开发娱乐性强、特色鲜明、互动体验丰富的项目，持续优化旅游产品结构。

（4）广西滨海体育旅游崛起。黄东教指出，广西地理位置优越，滨海体育旅游在其旅游业中占据核心地位，为体育旅游产业发展注入强劲动力。虽然面临机遇与挑战并存的局面，但广西滨海体育旅游展现出蓬勃生机，成为区域经济增长的新亮点。

体育旅游地域性研究汇聚了众多专家学者的智慧，他们立足于各地实际，结合文化、地理、环境等因素，精心规划适应本地特色的体育旅游发展模式，为推动体育旅游产业的繁荣贡献了宝贵的思路与策略。

（五）体育旅游业效应研究

（1）观赛旅游者行为分析。胡明洋教授深入研究了观赛型体育旅游者的动机与影响因素，发现性别差异显著影响知识获取与团队归属感，而与年龄、职业关联不大。建议强化体育赛事旅游的整体规划，精准对接多元需求，激发公众参与热情，拓展赛事主导的体育旅游活动，释放多类型赛事的市场潜能。

（2）冰雪体育旅游心理洞察。高俊、陈洪坐、井续龙等学者聚焦“冰雪体育＋旅游”，剖析自媒体在冰雪体育项目传播中的作用，探讨集群效应对冰雪体育旅游者心理的影响。其强调增强用户认知，借助自媒体信息传播，刺激体育旅游消费需求，形成良性循环，促进体育旅游市场的持续增长。

(3) 体育赛事与城市景观融合。姜付高、曹莉两位老师运用体育旅游空间建构理论，探索体育赛事与城市景观的互动效应。研究表明，体育旅游经济繁荣与城市空间结构优化相辅相成，短期内即可显著提升城市吸引力与功能，对城市综合发展产生积极推动力。

体育旅游业效应研究涵盖大型赛事的经济效应、自媒体时代体育旅游的传播模式、体育赛事与城市景观的共生关系等多个维度。这些研究不仅揭示了体育旅游与日常生活、城市发展的紧密联系，也呼吁我们以更宽广的视角审视体育旅游现象，提升社会关注度，促进体育旅游产业的健康、可持续发展。

(六) 体育旅游消费群体分析

(1) 高端体育旅游市场细分。赵金岭教授通过对高端旅游群体的性别、年龄、教育背景等维度的深入剖析，揭示了追求高品质生活的体育爱好者构成高端体育旅游的核心消费群体。他建议，高端体育旅游产品设计应兼顾各类消费者特性，凸显体育旅游的独特魅力，以驱动高端市场的持续壮大。

(2) 紫金山体育旅游社区参与。张辉与王小艳等学者针对南京紫金山景区的体育旅游实践，聚焦本地居民参与情况，提倡多元化参与模式、深化体育旅游文化传播、增强居民责任感、健全利益保障机制，旨在激发社区居民积极参与体育旅游的热情。通过对比分析，基于体育旅游基础，对紫金山景区体育旅游资源进行评估，识别开发过程中的挑战，确立了综合发展战略，制定了具体实施指南，为紫金山体育旅游的长远发展描绘了蓝图。

体育旅游消费群体研究覆盖了消费者分类、需求偏好等多维视角。这些研究不仅丰富了体育旅游的内涵，也为企业开发个性化体育旅游产品、优化服务体验提供了宝贵参考，为行业未来的创新与实践开辟了新路径。

二、我国体育旅游的发展现状

近年来，体育主题旅游渐成风尚，旅游者的需求也从传统的观光游逐渐转向休闲、参与、体验和度假等多维度体育旅游。我国已初步构建起一个多元化的体育旅游产品体系，涵盖体育赛事表演、水上运动、冰雪运动、户外运动、沙漠探险、山地越野以及民族民间特色项目等。

各地区根据自身优势，打造出独具特色的体育旅游产品，如东北地区发挥冰雪优势，沿海地区利用海洋资源，西南地区注重民族民间项目和户外运动，西北地区则聚焦登山探险和沙漠越野。河北张家口崇礼区，以滑雪为龙头的体育旅游服务业已成为其经济增长的重要引擎，服务业总产值在全区GDP中占比超过30%，并成功为农村地区提供了近万人的就业机会。江苏宿迁依托其丰富的生态水域资源，精心打造了游泳、马拉松、皮划艇、跑步等多元化赛事，使骆马湖、三台山“生态四项”等成为宿迁的城市名片。由此可见，体育旅游作为新兴产业，不仅优化了产业结构，还极大地拉动了地方经济增长，并在服务社会中发挥了不可或缺的作用。

三、我国体育旅游存在的问题

（一）体育旅游消费供给空间受限

（1）辐射影响力局限。体育旅游的供给体系呈现分散的“点”状特征，导致其辐射力不足。当前成熟的体育旅游消费服务体系大多集中在省会城市，以竞技赛事、文体娱乐、体育培训为主要内容，形成了体育旅游的聚集地，省会城市利用自身资源发挥核心引领作用。

尽管体育旅游供给点数量众多，但规模普遍较小，未能有效激活周边相关产业，形成协同效应。这主要是因为缺乏经济与非经济要素的流通与扩散，相邻地区间体育旅游活动难以产生共鸣，协同效应不佳，限制了体育旅游经济空间的横向拓展。

（2）空间布局扩张滞后。体育旅游消费市场的空间扩张速度缓慢，要实现跨越发展，需加强区域联动、文化交融、品牌共建、资源共享。某些城市地理位置优越，临近江海，连接南北，但在全国体育旅游版图中，未能充分利用区位优势，体育旅游供给与外部区域融合度不高。

总之，要突破当前体育旅游的局限，需强化区域合作，优化资源配置，加速产业链整合，以期实现更广阔的空间布局和更深远的市场影响。

（二）体育旅游消费供需矛盾凸显

（1）产品结构欠优化。当前体育旅游产品品类单一，供给结构亟待调整。市场上体育休闲类产品占据主导，培训、康养、竞技等多元化体育旅游产品供给不足。传统民俗体育旅游项目存在过剩现象，新兴体育旅游产品供不应求，多数民俗体育活动仍停留在表面展示阶段，缺乏创新与深度。以水域资源为例，尽管某些地区拥有丰富水系，但水上体育旅游项目的开发尚处于初级阶段。究其原因，体育旅游产品供给未充分考虑不同消费群体的细分需求，对新资源的开发与利用效率低下，且产品创新力度不足，尤其是缺乏具有独特吸引力的IP。

（2）时间分布不均衡。体育旅游产品季节性供给失衡，春夏两季产品丰富，秋冬季节则相对稀缺。2022年北京冬奥会后，民众对冰雪体育旅游的需求激增，但受限于少数滑雪场的容量，无法充分满足市场需求。节假日期间体育旅游产品供应充足，但假期结束后迅速陷入停摆，造成资源浪费。随着带薪休假制度和灵活工作安排的普及，非假日体育旅游消费逐渐成为主流需求。秋冬季节和节假日的供给失衡，直接抑制了体育消费，阻碍了产业循环，降低了公众对生活质量的满意度。因此，体育旅游消费供给急需构建“全时域”布局，实现时间与空间上的均衡覆盖。

（3）产品质量参差不齐。体育旅游产业尚处起步阶段，产品品质普遍偏低，过度依赖自然资源，缺乏与地域文化的深度融合。产品开发停留在表面层次，缺乏体育元素的深入整合与文化主题的创新。市场充斥同质化产品，缺乏特色化、差异化、定制化及创意性体育旅游项目，“动态”参与、健身、娱乐、教育等高价值产品供应不足，供需矛盾突出。

综上，体育旅游产业需深化产品结构调整，优化时间与空间布局，提升产品品质，以满足日益增长的多元化消费需求，推动产业健康可持续发展。

（三）体育旅游消费供给缺乏有效支撑

（1）社会组织和社会投资参与度有待提升。体育旅游资源潜力巨大，但由于缺乏专业的体育旅行社的推动，大规模的体育旅游活动多依赖于地方政府的引导和组织，缺乏社会自主力量的积极参与，导致体育旅游市场的潜力未能充分释放。社会资金的流动受到阻碍，制度性交易成本偏高，使得社会组织和社会投资对体育旅游市场的投入持谨慎态度，这在一定程度上限制了体育旅游消费供给的多元化和社会投资的积极作用。

（2）体育旅游专业人才缺口明显。体育旅游产业的持续发展需要一支具备复合型能力的体育旅游专业人才队伍。然而，当前体育旅游市场从业人员中，旅游专业背景的毕业生占比较大，他们普遍缺乏体育项目运营管理的专业知识和技能，难以胜任体育旅游项目的规划、开发、经营和管理等复杂工作。这成为制约体育旅游行业发展的一个重要因素。

(3) 法规和行业规范亟待完善。体育旅游消费市场的健康发展离不开健全的法律法规和行业标准。当前，体育旅游产业采取的是政府、企业、个人、外资、合资等多方共建的发展模式，但管理分散、经营关系复杂。此外，体育旅游行业标准和规范尚未完善。面对新的经济形势和发展环境，急需出台相关地方法律法规和行业标准，以规范体育旅游市场，解决发展中出现的问题，推动体育旅游产业的健康有序发展。

四、我国体育旅游的发展趋势

（一）深化产业融合与拓展产业空间

1. 深化跨界融合，催生体育旅游消费新业态

体育与旅游两大产业通过价值链的交织渗透，经由技术、业务、市场三重融合，逐渐孕育出兼具体育与旅游双重属性的创新服务形态。拓宽体育旅游消费供给范畴，须以体育活动为核心，整合赛事、休闲、演艺、展览、娱乐、培训等多样化元素。要发挥体育旅游跨域广、产业链长的特点，强化与相关产业在空间上的集聚、融合与催化效应，推动体育产业链与体育旅游企业化融合，激发大众创业创新活力，促进新科技、新组织、新市场、新集群的生成与壮大，有效缓解体育旅游消费供给结构性矛盾。

2. 扩大空间布局，构建体育旅游复合产业体系

凭借创新力强、制造业特色鲜明、生态优良、腹地广阔的综合优势，拓展体育旅游产业空间格局。一方面，优化地理空间布局。破除行政区划界限，畅通省内省外循环，强化区域体育旅游合作，开拓国内国际市场，以国际视野引领体育旅游国际化布局。另一方面，拓展产业融合空间。构建体育渔业、农业、医疗、工业、创意、康复等多领域复合产业链，以体育旅游为引擎，充实体育旅游产业空间内容，平衡供给空间。

3. 革新营销策略，重塑体育旅游营销体系

实施区域联盟战略，构建互利共赢格局，在市场导向下开发凸显地方特色的产品，增强吸引力。体育旅游新品入市初期，须通过政策营销、媒体营销、明星效应或从众效应，加强基础设施建设，鼓励社会投资，培育消费热点，提升知名度与美誉度。

4. 强化品牌塑造，打造特色体育旅游项目

品牌竞争是产业演进的必经之路，须树立品牌意识，深挖品牌文化，依托独特资源，打造精品项目。如洛阳依托丰富体育旅游资源，创建体育旅游基地，提升品牌赛事影响力，凸显中原文化，创新体育旅游赛事，扩展消费市场。

5. 推动产业融合，深化体育旅游与多产业联动

产业融合乃大势所趋，体育旅游应吸引多行业参与，促进体育、旅游、文化、科技、医疗、教育等多领域深度融合。须深化产业要素渗透，加强结构创新。如在景区内创新体育项目，延长产业链，扩大市场受众，深化业态创新。须推动产品、企业、市场多维度融合，形成吸引力强的跨界产品，鼓励企业合作，促进市场共享，实现产业与市场深度整合。

（二）顺应消费升级趋势与推动高质量发展

1. 优化资源布局与产品多样性

优化资源布局与产品多样性，满足多元化的体育旅游消费需求。鉴于职业背景与人口结构的异质性，民众对于体育旅游的期待呈现出多样化特征。宏观层面观察，体育旅游消费正显现显著的差异化倾向，传统模式在内容、功能、形态及周期上难以全面覆盖各类人群。为了响应民众日益增长的多元体育旅游需求，亟须拓宽供给范畴，提供更具差异性和针对性的体育旅游产品。须借力供给侧结构性改革，实现体育资源的高效配置，调整产业结构，增强市场在资源配置中的活力，针对不同消费群体设计定制化体育旅游体验，有效应对多元化需求挑战。

2. 强化产品文化内涵与创新

进入新时期，国民消费偏好已从量的追求转向质的提升，对产品质量及服务体验提出更高要求。体育旅游市场亦呼唤高品质、高品牌影响力的产品供给。产业转型是消费转型的基石。提升体育旅游产业链整体水平，依托科技创新驱动全要素生产力，是确保高质量体育旅游产品供给的关键。

体育旅游高质量发展须聚焦产品文化创新，激活地方独有的红色文化、曲艺文化、诗歌文化等文化基因，让体育旅游成为心灵触动、健康增进与价值彰显的文化载体。具体而言，相关部门应着力培育具有本土特色与自主知识产权的品牌赛事，持续提升产品品牌价值，放大文化影响力的社会效益；同时，深化文化价值的社会吸引力，健全市场供应体系，确保文化理念贯穿体育旅游产业链的每一个环节，构建螺旋上升的价值理念体系，引领体育旅游消费的品质飞跃。

尽管在尝试通过图像生成捕捉体育旅游中文化创新的精髓时遭遇了技术限制，未能成功产出预期的视觉效果，但可以想象这样一个场景：在体育旅游的背景下，红色文化、曲艺文化以及诗歌文化巧妙地融合在一起，品牌赛事的举办成为展现这些文化元素的绝佳平台。游客们穿梭于历史与现代之间，亲身体验各种文化活动，从红色革命遗址的庄重纪念到曲艺表演的欢声笑语再到诗歌朗诵的意境深远，每一刻都充满了深刻的文化体验。

这种文化与体育的完美结合，不仅丰富了体育旅游的内涵，也增强了游客的参与感和体验感，使体育旅游不是一场简单的旅行，而是一次心灵与身体的双重洗礼。通过这样的方式，体育旅游得以升华，成为传播文化、促进交流的重要途径，同时也为体育旅游市场注入了新的活力，推动了行业的高质量发展。

（三）推进体制创新与完善供给支撑

体育旅游产业的蓬勃发展离不开创新的驱动，创新是推动产业前行的核心动力，也是增强产业竞争力的核心要素。创新的力量受到市场需求、技术进步、政策调整等多重因素的影响，它引领着体育产业与旅游产业的边界逐渐模糊，进而促进两者的深度融合，形成独具特色的体育旅游产业。这种创新不仅满足了消费者日益增长的个性化需求，推动了产品的多样化和营销模式的创新，还增强了体育旅游产业的发展活力，提升了企业吸收和消化先进技术的能力，逐步培养了企业的自主创新能力。体育旅游产业的创新动力体现在管理创新、层次创新和演化创新等多个维度。

1. 优化供给机制，促进全面发展

为了推动体育旅游消费供给的广泛参与，需要克服供给机制的发展障碍。具体而言，相关部门应深化政产学合作，构建由政府、企业和高校共同参与的体育旅游产业体系，加速体育旅游智库的建设；举办体育旅游投资论坛，分享发展经验，搭建引资桥梁，吸引更多社会投资；完善相关法律法规，保障产权安全，促进要素在体育旅游产业市场的自由流动。

在体育旅游的发展过程中，既要注重对外合作，也要加强内部改革。在对外方面，体育部门与旅游部门应携手与国外相关部门建立合作平台，形成政策与制度保障，推动国际交流与合作。在内部方面，针对部分地区产业管理改革的不彻底性和滞后性，政府应发挥引导作用，完善相关政策与制度，放宽行业限制，打破行业壁垒，为体育旅游的发展创造宽松的环境，并推动土地、金融、建设等配套政策的完善与实施。

为实现这一目标，可以采取以下措施：①建立跨界协调机制，成立体育旅游领导机构，打破行业壁垒，解决资源配置和利益冲突问题，全面做好行业管理、政策制定、发展协调、舆论宣传等工作。②制定体育旅游的长远发展规划，引导产业发展方向，鼓励人才、资金等资源向体育旅游产业流动。同时，培育大型体育旅游企业集团，降低经营风险，实现规模效应，为整个行业树立标杆。

2. 强化体育产业人才培育机制

（1）构建多元化人才培养体系。一是高等教育引领。高校应成为体育旅游人才培养的主阵地，通过设立体育旅游专业，开设体育旅游、休闲运动、运动经济等课程，培养具备跨界知识与实践能力的复合型人才。二是产教融合深化。联手行业领军企业，构建校企合作平台，实施定制化培训项目，聚焦体育旅游专业技能的精准提升。三是国际视野拓展。搭建国际交流桥梁，鼓励海外学习与合作，提升体育旅游人才的全球竞争力。四是终身学习推广。针对在职人员，开展灵活多样的继续教育计划，确保理论与实践同步升级。

（2）精准定位与差异化培养。结合市场导向与院校特色，细化专业设置，如体育旅游管理、体育休闲学等，满足行业多样化需求。设定清晰的人才培养目标，强化实践教学环节，确保高校毕业生具备较强的实践能力。

（3）智能化驱动体育旅游消费。一是数据赋能。依托大数据分析，优化体育旅游产品设计与服务流程，实现个性化消费体验。二是智慧旅游生态圈构建。推进“体育＋互联网”深度融合，打造集信息、预订、支付于一体的智慧体育旅游平台。三是技术前沿探索。积极引入移动互联网、物联网、云计算、VR、AR 等新兴技术，增强体育旅游场景的互动性和沉浸感。

(四) 加强生态保护与实现可持续发展

在新时代的脉络下，体育旅游作为绿色经济的重要组成部分，借力供给侧结构性改革能够显著推动其消费模式朝着健康、环保的方向演进。这意味着不仅要秉持可持续发展的理念，还要融合现代环境科学的理论与实践，综合运用政策调控、法律法规、市场经济以及科技创新等多种手段，确保自然资源与文化遗产的合理利用，避免生态损害，实现经济效益、社会福祉与生态环境保护的和谐共生，直击并化解体育旅游消费供给的核心挑战。

体育旅游作为一种高度关联、极富驱动力、创造大量就业机会且投入产出比高的新兴产业形态，推动其供给侧结构性改革旨在精进体育旅游产品的品质与生产效率，强化产业链条的创新潜力、供应稳定性和协同效应。推动体育旅游消费的供给侧结构性改革，对产业整体的稳健成长意义重大：①经济引擎激活。体育旅游有望转型为强劲的经济增长源，刺激内需增长，促进产业结构的升级，引领经济模式的革新。②消费结构升级。满足公众对体育旅游日益多样化的追求，促进消费升级，让旅游体验更个性化和更丰富。③资源利用优化。提升体育旅游资源的开发与利用效率，革新供给方式，激发内部增长动能，充分挖掘内需潜力，助力体育旅游经济高质量发展。④社会价值放大。体育旅游产业的增值不仅体现在经济层面，还将产生深远的社会文化影响与生态效益，形成广泛的正面连锁反应。

（五）推进体育旅游主体的需求与消费

1. 从小众到大众的跨越

从前，体育旅游仅限于少数人群。近年来，伴随国民生活水平提升和消费需求升级，体育旅游迎来了前所未有的繁荣期。据统计，2018 年我国体育旅游市场规模已达 2 605 亿元，标志着这一行业正迅速走向大众化。滑雪、漂流、徒步等项目不再遥远，它们已成为日常生活中触手可及的选项。例如，亚布力、长白山等地的滑雪场每年吸引数以万计的游客，推动了体育旅游的商业化进程，使之成为大众休闲的新风尚。

2. 从观赏到体验的转变

传统上，体育旅游多聚焦于观光层面，如参观体育遗迹、观看赛事等。随着群众体育赛事的兴起，大众参与热情高涨，越来越多的人开始从观众席走向赛场，亲身参与体育活动。这种由被动观赏转向主动体验的趋势，不仅丰富了旅游内涵，还促进了身心健康。徒步、骑行、登山等户外活动日益流行，人们在享受自然美景的同时，也收获了健康和友谊，体育旅游的深度体验价值日益凸显。

3. 从低风险到高风险的迁徙

起初，徒步、马拉松等低风险体育旅游项目因其较低的技术要求和较高的安全性而广受欢迎。随着消费者对刺激和挑战的追求，高风险项目如户外越野跑、洞穴探险、水上运动等逐渐成为新宠。尽管这些活动潜在危险性较高，但年轻一代的体育旅游者对此充满兴趣，推动了高风险体育旅游项目的多样化发展。未来，这类项目有望进一步拓展，重塑体育旅游的风险评估体系和产业布局。

4. 从单一到多元的空间扩展

早期，体育旅游活动主要集中在有限的几类项目上，如陆地上的登山、骑行，以及部分水上运动。随着市场需求的多元化，体育旅游的空间布局也在悄然变化。运动休闲小镇、体育主题公园、海洋体育旅游等新兴业态的出现，极大地丰富了体育旅游的地理版图。这不仅为游客提供了更多样化的选择，也促进了体育旅游资源的深度开发与利用。

综上所述，我国体育旅游正经历一场深刻的变革，从小众到大众、从观赏到体验、从低风险到高风险、从单一到多元，每一个转变都预示着行业的成熟与进步。未来，体育旅游将继续拓展边界，为大众带来更加丰富多彩的体验。

第三章

体育旅游者

在旅游生态链中，旅游者扮演着核心角色，他们是推动旅游业脉动的血液和行业兴盛的根本动力。谈及体育旅游，深入剖析体育旅游者的定义、分类、驱动因素及特征显得尤为重要。这不仅能揭示体育旅游者与一般旅游者之间的相通之处，更能挖掘体育旅游者独有的魅力与需求。通过这样的洞察，体育旅游业方能精准对接市场，确保服务与产品能够契合体育旅游者的心之所向，满足其独特期待，进而促进体育旅游领域的蓬勃发展。

第一节　旅游者的定义与类型

在旅游的场景下，参与者是旅行的探索者、亲历者。旅游者构成了活动的核心，理解和响应他们的行为模式和参与初衷至关重要，以确保旅游体验既充实又愉悦。

一、旅游者：定义与内涵

追溯至19世纪初，《牛津字典》首次引入“Tourist”一词，特指那些以观赏风景、体验异域文化为目的的旅行者，与出于工作或其他非休闲目的的旅行者有所区别。旅游者，简单而言，即踏上旅程之人，其英文“Tourist”源自法语“Touter”，原意为巡回、漫游，后经演化，专指以休闲游览为旨趣的旅行者，排除了商务或迁徙性质的移动。

1933年，英国学者奥格威尔在其著作《旅游活动》中，从经济角度界定了旅游者的身份特征：一是暂时离开常住地，前往任意地点，停留时间不超过一年；二是旅途中消费支出流向访问地而非在当地获取收入。根据这一定义，所有此类出行者统称为游客。在统计学意义上，游客细分为一日游游客与过夜游客两类。世界旅游组织则采取更为宽泛的界定，认为旅游者涵盖了跨国界旅行以及国内跨地区移动的个体，无论其旅行目的为何。

二、旅游者分类：国际与国内视角

（一）国际旅游者的定义与演进

（1）起源与发展。国际旅游者概念的界定经历了三次重大修订，始于1937年国际联盟统计专家委员会的初步定义，经1963年罗马会议的修订与细化，最终在1976年联合国统计委员会的认可下趋于完善，形成了全球普遍接受的标准。

（2）罗马会议对国际旅游者的定义。罗马会议将国际旅游者划分为两大类——旅游者与游览者，前者需在目的地停留至少24小时，后者则在目的地停留不足24小时。旅游者的访问目的涵盖消遣、商务、家庭、公务与会议等多种类型。

（3）自1967年起，罗马会议对国际旅游者的定义相继被联合国统计委员会、国际官方旅游组织联盟、经济与发展组织等机构采纳。1976年的联合国统计委员会会议将国际旅游者明确区分为入境与出境两类，即来自国外的旅游者与出国旅游者。

（二）国内旅游者的界定标准

（1）国际视角。不同国家依据实际情况采用时间或距离作为界定国内旅游者的标准。英国与法国以过夜旅行作为划分，而美国与加拿大则以50英里（约80千米）的旅行距离为基准。

（2）世界旅游组织定义。将国内旅游者定义为在其本国境内进行24小时以上、一年以内旅行的个体，未以工作为主要目的。短程旅游者则为停留不足24小时的游客。

（3）在中国，国内旅游者被定义为：出于休闲、观光、商务等非工作目的，离开居住地至境内其他地方访问，停留时间不超过6个月的居民。国内旅游者特指住宿至少一夜的游客；国内一日游游客为离开居住地10千米以外，出游时间介于6～24小时，未在外过夜的游客。

综上所述，无论是国际旅游者还是国内旅游者，其定义均经历了时间与地域的演变，旨在更精确地反映旅游行为的本质与多样性。各国与国际组织在定义上虽有差异，但均致力于提供清晰的分类框架，以支持旅游统计与行业管理。

第二节　体育旅游者的定义与类型

一、体育旅游者的定义

作为体育旅游活动的核心参与者，体育旅游者通过亲身体验或观赏体育赛事，寻求刺激、欢乐、挑战、冒险、娱乐、休闲与放松的综合体验。这一群体的活动不仅丰富了个人的精神世界，也为体育旅游业注入了活力。

（1）概念解析。柳伯力教授的观点强调，体育旅游者为追求精神满足与自我实现，暂时告别日常生活环境，以体育活动为中心，寻求旅行体验。夏敏慧等学者则进一步阐述，体育旅游者为满足精神需求与自我超越，暂时离家，前往目的地参与体育活动或观赏赛事，享受体育旅游产品，同时进行相应的经济消费。体育旅游者的参与方式多样，既有直接投身体育锻炼的，也有作为赛事观众间接体验体育魅力的。

（2）分类视角。Hall 从体育旅游行为出发，将体育旅游者分为两大类：一是远赴他乡观看体育赛事的观众，二是专程前往异地参与体育活动的爱好者。Glyptis 基于“需求类型”的视角，将体育旅游者细分为五种：高端体育度假者，体育节事观众，体育训练参与者，活跃体育度假者，以及在常规度假中融入体育元素的游客。

（3）综合定义。国内外学术界对体育旅游者概念的理解虽存在差异，但普遍聚焦于参与动机、行为表现、时间跨度及需求层次。在此基础上，体育旅游者可被定义为：一群以体育活动为核心内容或工具，积极参与旅行的人群。他们通过体育活动寻求身心的愉悦与价值实现。随着体育旅游领域的不断发展，其理论体系日益成熟，体育旅游者的定义应植根于体育学理论，紧密结合体育旅游活动的特性。

综上，体育旅游者是指那些以参与或观赏体育活动为首要目标，暂时远离常住地，追求个人内心满足与价值体现的旅行者。他们在体育与旅行的交织中寻觅生活的多彩与激情。

二、体育旅游者的分类

随着体育旅游行业的蓬勃兴起，体育旅游爱好者的队伍迅速壮大，对这一群体进行细致分类变得日益关键。分类不仅有助于精准匹配体育旅游者的需求，提供量身定制的产品与服务，也便于行业管理和市场统计，确保体育旅游企业及相关部门能够有效应对市场动态。

分类的维度多样，涉及国界跨越、组织方式、活动场地、参与目的、年龄层次以及消费水平等多个方面。通过对这些标准的考量，可以识别并理解不同体育旅游者的行为模式，从而更好地服务于这一多样化群体，满足其个性化需求，推动体育旅游产业的健康发展。

（一）按照国界跨越分类的体育旅游者

（1）国际体育旅游者。国际体育旅游者指的是那些跨越国界，从自己居住的国家前往其他国家进行体育旅游相关活动的个人。这一类别可进一步细分为入境与出境体育旅游者两小类：入境体育旅游者是从其他国家或地区来到本国进行体育旅游的游客，例如，来自世界各地的体育爱好者前往中国参加或观看体育赛事；与入境体育旅游者相对，出境体育旅游者是指本国公民前往其他国家进行体育旅游活动，体验不同的体育文化或参与国际赛事。

（2）国内体育旅游者。国内体育旅游者是指那些在自己国家内部，从居住地到其他地区进行体育旅游活动的人群。这类旅游者的活动范围局限于本国领土之内，通常他们的行程较为便捷，花费时间与成本也相对较低，无须办理复杂的出入境手续。

在中国，进一步分为：国内体育旅游者，指的是离开常住地，出游时间超过 24 小时但不超过 6 个月，且在访问地的旅游住宿设施内至少过夜一次的游客；国内一日游体育游客，这类游客出游时间介于 6～24 小时，未在访问地的任何旅游住宿设施内过夜，主要以短途体育旅游活动为主。

（二）按照组织方式分类的体育旅游者

（1）团体体育旅游者。团体体育旅游者也被称作“跟团游体育旅游者”，这类旅游者通常以团队形式参与体育旅游，包括路线规划、活动安排等细节在内的整个行程均由组织方全权负责。尽管这种方式可能限制了一定的自主性和灵活性，但旅游者可以节省大量前期准备的时间和精力，享受更为省心的旅行体验。团体游通常给人一种更强的安全感和集体归属感，而且在购买同样的体育旅游产品时，往往能享受到更多的价格优惠。

（2）散客体育旅游者。散客体育旅游者完全自主规划体育旅游活动，根据个人喜好选择服务项目，按需支付各项费用。这类旅游者追求自由自在的旅行感受，拥有高度的自主决策权，从路线设计到活动内容，一切均可按个人意愿定制。相较于团体旅游者，散客体育旅游者需要投入更多时间和精力来策划详尽的旅行计划，且在购买相同体育旅游产品时可能面临较高的个人成本。散客体育旅游者多为热爱探险、追求个性化体验的青年或中年群体，他们勇于挑战自我，渴望在旅行中实现自我突破。

（3）半自助体育旅游者。半自助体育旅游者处于团体游和散客游之间，是一种融合了自由行与团队游特点的新型旅游者。这类旅游者享有较大的自主选择权和行程调整自由度，能够根据个人偏好和实时信息灵活调整体育旅游计划，而旅行社仅负责交通和住宿等基础设施服务。这种方式既保证了旅行的便利性，又满足了个性化需求，成为越来越多追求平衡体验与自主性的体育旅游者的首选。

（三）按照活动场地分类的体育旅游者

随着体育旅游市场的持续拓展，各类体育资源被充分挖掘利用，体育旅游项目呈现出多元化趋势。根据体育旅游者参与活动的主要空间，可将其大致分为三大类：水域型、陆域型和空域型体育旅游者。

（1）水域型体育旅游者。水域型体育旅游者专注于水上或水下活动，活动范围覆盖从涓涓溪流到浩瀚海洋的各种水域。常见的项目包括滑水、潜水、帆船、漂流、溯溪、游泳、皮划艇、冲浪等。这类旅游者通常具备良好的水性，热爱在广阔水域中体验趣味与挑战并存的体育活动。夏季或温带地区的水域尤其受到水域型体育旅游者的青睐。

（2）陆域型体育旅游者。陆域型体育旅游者偏爱在陆地上开展活动，活动空间包括高山、河谷、平原、丘陵等地形。项目涵盖徒步、露营、骑行、滑雪、攀岩、登山、攀冰、滑草、骑马等。相较于水域型，陆域型体育旅游项目种类更为丰富，且不受季节严格限制，适合各个年龄段的参与者，因此人数通常更多。

（3）空域型体育旅游者。空域型体育旅游者以天空为舞台，参与热气球、滑翔伞、高空跳伞、滑翔翼、翼装飞行等活动。这类项目技术要求高，风险大，对参与者的身体素质、心理承受力以及装备质量均有严格要求。在实际操作前，须对风速、气流、气压等空中环境因素进行详细评估，以确保活动安全进行。

（四）按照参与目的分类的体育旅游者

随着体育旅游业的蓬勃发展，越来越多的人被吸引加入体育旅游的行列，享受其带来的身心愉悦与独特体验。根据参与体育旅游的主要动机，可将体育旅游者大致分为三类：休闲娱乐型、休闲健身型和探险型体育旅游者。

（1）休闲娱乐型体育旅游者。休闲娱乐型体育旅游者以放松心情、享受乐趣为首要目标，通过亲身参与或旁观体育活动来舒缓日常压力。在快节奏的现代生活中，许多人如同上了发条的时钟，日复一日重复相同的轨迹。体育旅游为他们提供了脱离常规环境的机会，他们不仅能在参与活动中获得新鲜体验，还能在观赏赛事、演出等过程中获得心灵的慰藉与满足。

（2）休闲健身型体育旅游者。休闲健身型体育旅游者着重于保持身体健康与增强体能素质。随着社会进步，工作方式的转变促使以体力劳动为主的动态工作让位于以静坐为主的信息化办公，久坐不动导致的身体机能下降成为普遍问题。为改善健康状况，许多人倾向于选择体育旅游作为强身健体的方式。这种方式不仅能有效增强体质，还能让参与者在大自然的怀抱中感受生命的活力。登山、游泳、骑行、网球、高尔夫球等项目深受这类旅游者喜爱。

（3）探险型体育旅游者。探险型体育旅游者追求的是极限挑战与自我超越，他们通过参与充满刺激与未知的体育活动，实现探险、解密与自我挑战的目标。这一群体通常根据个人兴趣，借助沙漠、高山、荒谷、冰川、瀑布、溶洞等地貌奇观，开展探险与揭秘之旅。通过与自然的深度互动，满足探索欲与成就感，追求精神层面的满足与自我实现。野外生存、溯溪、空中跳伞、攀冰、溶洞探险等极具挑战性的项目是他们的首选。

（五）按照年龄层次分类的体育旅游者

鉴于不同年龄段人群在生理与心理上的显著差异，各年龄段的体育旅游者在需求与偏好上表现出各自的特点。依据年龄阶段，体育旅游者可大致分为老年、中年、青年及少年儿童四类。

（1）老年体育旅游者。老年体育旅游者通常指 60 岁及以上的群体。鉴于体力与健康状况的考虑，他们更倾向于选择轻松、低风险的体育活动，如垂钓、骑行、自驾游等。在参与体育旅游时，偏好具有娱乐、健身、休闲性质的近距离“跟团游”或“组队游”。这一群体大都拥有稳定的经济来源，且退休后的充裕时间让他们能够在气候适宜的时节出行，避开旅游高峰期，享受宁静的体育旅行。

（2）中年体育旅游者。中年体育旅游者通常事业稳定，拥有固定的经济收入，但由于工作繁忙，休闲时间有限，因此较少参与体育旅游。此类体育旅游者多选择在国家法定假期出行，对食宿和交通条件有着较高的要求。

（3）青年体育旅游者。青年体育旅游者追求新潮刺激的体育项目，敢于挑战自我，偏好竞技性与冒险性活动，如探险、漂流、越野跑、蹦极、溯溪、登山等。部分高收入的年轻白领倾向于使用高端设备进行体育旅游；大多数青年则更倾向于自助游或组团形式，以“驴友团”方式体验体育旅游的乐趣。

（4）少年儿童体育旅游者。少年儿童体育旅游者尚处于成长阶段，他们通过参加体育旅游活动得到了锻炼与成长。这一群体往往跟随父母参与各式各样的体育旅游活动，或在寒暑假期间加入“夏令营”“冬令营”“训练营”，在其中体验体育赛事观摩、比赛等项目，在促进身心健康的同时，培养团队协作能力与独立能力。

（六）按照消费水平分类的体育旅游者

依据体育旅游者的经济实力与消费倾向，可将其分为豪华型、大众型与经济型三类。

（1）豪华型体育旅游者。豪华型体育旅游者具备雄厚的经济基础，追求顶级的体育旅游体验。他们注重装备的高端与完备，偏爱使用知名品牌体育用品，倾向于旅行中配备完善的服务支持与安全措施。在体育旅游过程中，他们追求极致的舒适度，消费力度大，对服务质量有极高要求。

（2）大众型体育旅游者。大众型体育旅游者拥有稳定的经济来源，但在体育旅游中更看重性价比。他们对装备的选择侧重于实用性和便利性，不特别追求品牌效应，旅行中寻求标准化的服务，避免过度奢华的消费，追求物有所值的体验。

（3）经济型体育旅游者。经济型体育旅游者主要由普通工薪阶层构成，对体育旅游装备的要求相对较低，注重旅行成本控制，力求以最小的开销获得最大的体验价值。这类旅游者通常不会选择旅行社的全套服务，而是倾向于自助游，以节省旅游费用。

（七）按照心理特质分类的体育旅游者

美国心理学家斯坦利·C. 帕洛格将个体的性格特征归纳为五种类型：自我中心型、近自我中心型、中间型、近多中心型与多中心型。其中，自我中心型与近自我中心型被视为内向型人格，近多中心型与多中心型则属于外向型人格。内向者倾向于计划周密，偏好熟悉的体育旅游活动；相比之下，外向者更具探索精神，倾向于选择富有挑战与刺激的旅行项目。基于此，体育旅游者可大致归为保守型、开放型与中间型三类。

（1）保守型体育旅游者。保守型体育旅游者表现出内敛、自我中心、纪律严明的性格特征，对陌生环境怀有畏惧，偏好前往已知的地点，参与熟悉的体育运动。这类旅游者在活动中主动性较低，接触的体育项目有限。在旅行时他们倾向于选择“跟团游”，借助体育旅行社的专业服务减轻旅途中的不确定性和焦虑。保守型体育旅游者倾向于选择自己熟知的体育旅游项目，对新颖或冒险性项目持保留态度。

（2）开放型体育旅游者。开放型体育旅游者展现出外向、好奇、适应力强、自信的个性，富有冒险精神，享受独自旅行，热衷于探索时尚与新兴的体育旅游项目。在旅行中他们表现出高度的自主性和灵活性，勇于尝试多样的体育活动，尤其对冒险与探险类项目情有独钟。

（3）中间型体育旅游者。中间型体育旅游者位于保守型与开放型之间，对目的地的选择既非过分熟悉也非全然陌生，旅行中更侧重于寻找闲适、愉悦与放松的体验。与前两类相比，中间型体育旅游者数量更为庞大，他们追求平衡与和谐的旅行体验，既不冒进也不保守，体现了体育旅游的多元魅力。

（八）按照交通方式分类的体育旅游者

随着社会进步与科技创新，体育旅游者拥有了更多样化且便捷的出行选择。考虑到体育旅游项目特性及其对交通方式的影响，可将体育旅游者依据其主要交通工具分为步行、骑行与自驾三类。

（1）步行类体育旅游者。步行类体育旅游者在往返体育旅游目的地或在目的地游览时，主要依靠徒步。这种出行方式使他们能够沿途欣赏自然风光与人文景观，深度体验独特的体育旅游经历。背包客与驴友团便是此类体育旅游者中的典型代表。他们在选择目的地时，通常倾向于路程适中的地方，以充分享受徒步的乐趣。

（2）骑行类体育旅游者。骑行类体育旅游者在参与体育旅游时主要采用骑行方式出行，所选项目往往与骑行工具密切相关，如自行车骑行、骑马、雪橇等。相比步行，骑行类旅游者可到达更远的目的地，但这要求他们具备相应的骑行技巧，如熟练掌握自行车骑行、骑马或骑骆驼的技术。

（3）自驾类体育旅游者。自驾类体育旅游者在体育旅游中以驾驶汽车为主要出行手段，又称为自驾游体育旅游者。在出行前，他们会提前规划好路线，准备好食物、住宿用品等必需品。与步行类和骑行类体育旅游者相比，自驾类体育旅游者在行程安排上享有更大的自由度。随着旅游市场的发展和体育旅游的普及，汽车、房车租赁业迅速壮大，自驾类体育旅游者的数量也呈上升趋势。

第三节　体育旅游者的动机与特征

一、体育旅游者的驱动因素

驱动因素，即动机，是推动个体采取行动以达成特定目标的心理动力源泉。它源自个体的内在需求，行为则是动机的外在体现，形成了“需求—动机—行为”的心理过程链条。动机作为隐含的心理驱动力，直接影响着人的行为选择。欲望、兴趣、抱负等情感与认知状态构成了需求的基础，当个体渴望满足或实现这些需求时，便激发出了行动的动机。因此，体育旅游者的动机与其个人需求息息相关，反映了他们参与体育旅游活动的深层次心理动因。

这揭示了体育旅游者之所以选择参与体育旅游，是出于对健康、娱乐、社交、探索等多方面需求的追求，这些需求激发了他们内心的动机，促使其投身于体育旅游活动之中。理解体育旅游者的动机，有助于提供更加贴合其需求的服务和体验，从而提升体育旅游的吸引力和满意度。

（一）体育旅游动机与需求层次理论

体育旅游动机，即激发人们投身于体育旅游活动的内在动力，它促使个体积极参与并保持活跃状态，以期达到特定目标。动机本质上是对需求的反映，但全面准确地解释体育旅游动机背后的驱动需求并非易事。人类需求复杂多元，既包括自然性需求（如食物、运动、休息等生理需求），也涵盖社会性需求（如社交、文化、教育等社会互动需求）。从需求对象的角度看，可分为物质需求与精神需求两大类。在体育旅游领域，需求更偏向于社会性和精神层面。

美国心理学家亚伯拉罕·马斯洛提出的需求层次理论为理解体育旅游动机提供了框架。该理论将人的需求划分为五个层级：生理需求、安全需求、归属与爱的需求、尊重需求以及自我实现需求。马斯洛认为，需求遵循逐级上升的规律，在低层次需求满足后，人才会追求更高层次的需求。值得注意的是，某一时刻可能存在多种需求，但它们的重要性并不均等。体育旅游动机往往出现在基本需求得到满足之后，因此，与体育旅游关联最密切的是尊重需求和自我实现需求这两项高层次需求。

这一理论对体育旅游行业的实践意义重大，提醒从业者关注体育旅游者的深层次需求，以提升服务质量。从动机角度来看，参加体育旅游极少是为了满足较低层次的需求，理由如下：①经济条件。体育旅游活动通常需要一定的经济基础，这意味着参与者的基本生存需求早已得到保障，因此，体育旅游并非出于满足生存需求。②安全感。相较于熟悉的生活环境，外出旅行可能带来不确定性，故安全需求并非体育旅游的主要动机。相反，体育旅游者往往在克服挑战中寻求乐趣和自我实现。③归属与爱的需求。真正的爱与归属感来源于长期生活和工作环境中的人际关系，短时间内无法在旅行中建立深厚的情感联系。

实证研究表明，体育旅游与马斯洛需求层次理论中的较高层次需求——尊重需求和自我实现需求——关联更为紧密。例如，通过体育旅游获得的成就和特殊经历，有助于提升个人在社会中的地位和自信心，满足受人尊重的需求。至于自我实现需求，比如攀登世界高峰这样的极限挑战，确实与自我超越的精神追求相契合。

尽管单纯依赖马斯洛需求层次理论难以完全解答体育旅游动机的全貌，但毋庸置疑的是，体育旅游的核心驱动力在于满足精神层面的需求，这一点已得到广泛认同。这一认识为体育旅游业提供了宝贵的视角，有助于设计和提供更加贴近体育旅游者内心需求的产品和服务。

（二）体育旅游动机的多样性

体育旅游动机的形成依赖于两个核心要素：一是个人内在的需求，即对体育旅游的渴望；二是外部环境的刺激。体育旅游的动机与需求紧密相连，无论动机如何多样，其根本都是为了满足人们内心多层次的精神追求。虽然体育旅游的动机源自需求，但并非所有需求都能直接转化为动机，它需要外界刺激物的存在。只有当这些条件齐备时，潜在的需求才能转化为积极的行动，进而驱动人们参与体育旅游活动。一旦动机形成，它将引导人们的行为指向特定的目标，并持续推动和强化这一行为。

随着现代社会的快速发展和科技的进步，国际交流日益频繁，为体育旅游的繁荣提供了坚实基础，也为体育旅游的形式创新提供了广阔空间。尽管体育旅游的形式千变万化，但激发人们参与其中的动机主要有以下几类：①追求健康。健康是体育旅游的核心驱动力之一。人们渴望通过参与滑雪、潜水、登山等运动来增强体质，实现健康长寿。因此，世界各地的度假胜地成为人们追求身心健康、远离城市喧嚣的理想去处。②满足好奇。好奇心是体育旅游的另一个重要动力。它驱使人们探索未知，体验新奇。对于体育旅游者而言，访问不同区域、尝试新的运动项目是满足好奇心的最佳途径。③提升技能。体育旅游与普通旅游的区别在于它要求参与者具备一定的运动技能或鉴赏能力。许多人参与体育旅游正是为了提升自己在某项运动中的技术水平或鉴赏能力，并从中获得成就感。④享受乐趣。体育旅游具有独特的魅力，能满足人们对兴奋、新奇、愉悦感受的追求。无论是了解运动项目、享受特殊接待还是体验运动项目本身，都能带给人们无尽的乐趣。⑤社交需求。社会交往是人类的基本需求之一，也是参与体育旅游的重要动机。体育旅游为人们提供了结识新朋友、摆脱日常生活压力的机会，成为实现社交需求的有效途径。⑥情感沟通。在快节奏的现代社会中，人们渴望真诚的情感交流。体育旅游为人们提供了一个跨越国界和种族、促进人类友好往来的平台。它有助于拉近人与人之间的距离，消除偏见和误解。⑦休闲放松。休闲和消遣是现代人生活中不可或缺的部分。体育旅游作为一种闲暇活动，能够满足人们净化心灵、了解自我、融入集体的需求，同时有助于缓解工作压力、保持心理健康。⑧自我实现。人们内心深处都渴望被尊重、被认可，希望展示自己的才能，取得成就，并为社会做出贡献。这种强大的驱动力促使人们不断地追求自我实现。体育旅游正是一个绝佳的平台，让人们有机会展现自我，实现自我价值。体育旅游的独特之处在于，它不仅能赋予人们地位和声望，还能让人们体验与众不同的感受。在体育旅游的环境中，人们可以摆脱束缚，完全按照自己的意愿行事，体验生活的真谛，挑战自我，实现个性的最大化。因此，许多人选择参与体育旅游，正是为了满足自我实现的愿望，展现自己的独特价值。

对于体育旅游动机的分类，主要是为了便于我们进行识别和研究。然而，在实际活动中，人们往往并不明确自己参与体育旅游的单一动机，也很少从理性的角度去思考这些动机。事实上，人们参与体育旅游往往是出于多种动机的综合作用。这些动机并非一成不变，它们会随着个人兴趣、爱好、需求和习惯的变化而发生变化。即使是同一个人，在不同的时间和情境下，其体育旅游的动机也可能有所不同。

尽管体育旅游动机具有多样性和变化性，但我们仍然可以从中找到一些共性和普遍性。所有体育旅游者都追求美的享受，渴望在旅游过程中获得知识、新奇、奇特、差异和乐趣。随着体育旅游的发展，现在的体育旅游者更倾向于追求丰富的经历和积极的参与。因此，需要关注体育旅游者动机的共性和变化，以开发出更符合他们需求的体育旅游产品。

从上述分析中可以看出，体育旅游者的需要、动机和行动是相互关联的。需要是动机产生的基础，动机则是行动的动力。没有体育旅游的需要，就不可能产生体育旅游的动机；没有体育旅游的动机，也就不可能有体育旅游的行动。心理因素在体育旅游活动中虽然重要，但与经济和时间条件相比，仍处于次要地位。只有当人们具备了基本的经济条件，并在心理因素的激励下，才有可能真正参与体育旅游活动。因此，在推动体育旅游发展时，需要综合考虑各种因素，以确保体育旅游能够满足人们的多样化需求。

二、体育旅游者的特征

旅游活动的核心特征在于其异地性和临时性，这两种属性再加上旅游的本质追求——精神上的愉悦与释放，常常激发旅游者展现出与日常生活截然不同的行为模式。正如著名学者马尔科姆·克里克（Malcolm Crick）在其影响深远的综述文章中描绘的那样："旅游领域充斥着一系列颠覆常态的现象：工作与休闲的转换，常规伦理道德与道德放纵的对比，节制与挥霍的交替，约束与自由的切换，责任感与自我放纵的对立。对许多人而言，旅游意味着挣脱日常生活的枷锁，它赋予了逃避责任、追求个人意愿和摆脱束缚的自由。"

作为旅游者群体中的一个分支，体育旅游者同样体现出这些鲜明的特征。他们倾向于在体育旅游中寻求超越日常生活的体验，无论是通过参与体育活动释放压力，还是在陌生环境中探索自我，体育旅游者往往展现出追求自由、释放天性的一面。这种行为模式不仅体现在他们对体育活动的选择上，也反映在对待规则、文化和生活方式的态度上，体育旅游成为他们寻求身心解放、探索未知和自我实现的重要途径。

（一）普通旅游者的典型特点

当人们踏上旅途，离开熟悉的工厂、办公室或日常生活的其他场景时，内心深处被理性约束的情感渴望就有了释放的空间。在旅游的环境中，个体的行为更多地遵循情感而非理性的指引。这种转变体现在旅游者的行为上，主要表现为责任的放松和占有欲的显现，具体表现在以下几个方面。

（1）消费升级。几乎所有研究均指出，旅游者在旅途中展现出显著的消费膨胀倾向。即便是平日里精打细算之人，一旦置身旅途，也会异常慷慨。这种变化可能源于群体旅游中相互效仿、推波助澜的消费风气，也可能受到其他旅游者消费行为的影响，或是为了确保旅途中的审美体验和快乐感受，避免因消费不足而破坏整体体验。无论如何，这都是个人责任意识在消费层面上的松弛体现。

（2）文化介入。作为外来者，旅游者与目的地文化的碰撞不可避免。在不同的发展阶段，旅游者对文化差异的态度各不相同，从适应、忽视直至干预。这种干预呈现出两极分化的特点：一方面，部分旅游者积极展示自身文化，致力于通过各种方式在当地民众中产生示范效应；另一方面，一些旅游者则以猎奇的心态，将目的地文化的边缘元素视为商品。无论哪一种情况，都是旅游者内在占有欲在文化交流中的体现。

（3）物质获取。在异地停留的旅游者，除了视觉、听觉、嗅觉和味觉的享受外，还可能产生强烈的触觉欲望。比如，古董爱好者可能会触摸古建筑的瓦片，植物爱好者可能会触摸花草，珍稀石头收藏家可能会高价购入珊瑚石，宠物爱好者可能会触摸树袋熊等。对于无法移动的物品，则通过拍摄照片等方式自娱自乐。这些行为无不透露出旅游者对物质获取的欲望。

旅游者的愉悦追求与其在旅途中的种种表现之间的关联错综复杂，但可以明确的是，贯穿其中的主导思想、基本属性及行为特征皆由旅游的内在本质所决定。旅游者行为的偏离常态实则是旅游特征与心理需求的某种契合，促使了特定行为倾向的形成。

（二）体育旅游者的独特标识

体育旅游者作为普通旅游者的一个细分群体，不仅继承了后者的基本特征，更融合了其专属的独特性。主要体现在以下几个维度。

（1）以体育为核心的行程规划。鉴于旅游市场的多元性和细分化，体育旅游者的群体特性同样纷繁复杂。学者们将其大致分为三类：以体育旅游为主要目的的“首要体育旅游者”，将体育活动视为出游重要动机之一但并非唯一原因的“附带体育旅游者”，将体育视为旅行核心目标的“体育爱好者”。无论是哪一类体育旅游者，他们的所有出行计划皆紧密围绕体育活动展开。以球迷为例，即便他们不亲自上场竞技，却愿意投入大量资源追随心爱的球队，甚至赴全球各地观赛。其间虽不乏其他旅游活动，但体育赛事始终是旅行的核心所在。

（2）追求社交与地位认同。驱动人们投身体育旅游的关键动力之一，便是对社交互动与地位实现的渴望。通过参与体育旅游，旅游者不仅能够深化与同行伙伴的交流，还能拓宽社交网络。返程后，旅游者向亲朋好友分享体育活动经历，收获认同与赞赏，从而满足对地位与声望的追求。由此观之，对社交互动、地位与声望的追求，构成了多数体育旅游者共有的心理特征。

体育旅游者不仅追寻身体的极限挑战与精神的愉悦享受，更在旅行中寻觅身份的认同、社交的扩展与个人价值的实现，其旅行体验的丰富性和深层次需求远超寻常旅游范畴，展现出独特而鲜明的群体特征。

第四章

体育旅游资源的管理与可持续发展

在体育旅游业的蓬勃发展中，体育旅游资源的开发利用正逐渐受到人们的广泛关注。合理且高效地开发这些资源，不仅能够为体育旅游的形式和内容增添多样性，更能深入挖掘体育旅游资源背后的巨大价值。这一过程在很大程度上影响着体育旅游业的发展层次和潜力，并且对于地方经济的增长具有积极的推动作用。因此，重视并优化体育旅游资源的开发利用，对于体育旅游业的持续繁荣和地方经济的全面发展具有重要意义。

第一节　体育旅游资源概述

一、体育旅游资源的含义

（一）旅游资源的定义

在旅游地理学的语境中，旅游资源被诠释为“那些经过恰当的开发与管理，能够转化为旅游产品的自然美景和人文景观”。按照《旅游资源分类、调查与评价》（GB/T 18972—2017）的标准，旅游资源被定义为“自然界和人类社会凡能对旅游者产生吸引力，可以为旅游业开发利用，并可产生经济效益、社会效益和环境效益的各种事物和现象”。

（二）体育旅游资源的阐释

体育旅游作为一种新兴的旅游形态，其内涵在学术界得到了多角度的探讨。一方面，从游客的角度出发，体育旅游被视为一种通过参与或观赏体育活动来满足健康娱乐和旅游休闲需求的活动形式。另一方面，从产业的角度来看，体育旅游被视作体育与旅游深度融合后形成的新型业态，它涵盖了体育运动的参与、体育赛事的观赏以及体育设施设备的建设等多个方面。

从狭义上理解，体育旅游资源特指那些具有体育特色的旅游吸引物，它作为旅游资源的一个分支，将体育特有的参与性、观赏性、健身性和娱乐性融入旅游业的发展中，实现了旅游资源的拓展与深化。从广义上解读，体育旅游资源则涵盖了所有能够开发成为体育旅游产品的客观要素，这些资源是体育旅游活动得以顺利展开的基础和保障。

二、体育旅游资源的特性

（一）视觉享受与亲身体验

（1）视觉享受。体育旅游资源往往以其独特的视觉吸引力和观赏性为特点，使游客能够欣赏到基于体育运动的独特魅力，而非仅限于传统的人文景观。在欧美国家，大型体育赛事作为体育旅游资源，已成功转化为经济效益，备受瞩目。在我国，通过举办体育赛事吸引观众也已成为体育旅游的一种趋势，展现出良好的发展前景。此外，体育博物馆、著名体育建筑等体育实体景观资源同样值得充分开发利用。

（2）亲身体验。体育旅游资源的开发利用强调游客的参与性，使游客能够亲身体验体育运动的魅力。这一特性使得体育旅游项目与传统旅游项目有所区别，同时降低了资源的重复性使用。

（二）健身效果与持久利用

（1）健身效果。体育旅游资源的本质属性之一是健身性，通过参与体育旅游活动，游客可以获得强身健体的效果。在快节奏的生活中，休闲与健身已成为人们调节身心的重要手段。体育旅游资源的开发利用有助于加强这一趋势，促进参与人群的身心健康。

（2）持久利用。体育旅游资源具有可重复使用性，游客可以多次使用这些资源以达到健身效果。尤其是对于空间距离较近的体育旅游资源，如体育场馆、体育公园等，游客的重复使用频率更高。

（三）吸引力与丰富性

（1）吸引力。体育旅游资源是体育旅游活动的前提和基础，其吸引力直接决定了体育旅游活动的参与度。例如，奥运会、世界杯等大型体育赛事因其强大的吸引力而成为全球体育爱好者的狂欢盛宴。

（2）丰富性。体育旅游资源在形式上具有多样性，涵盖了骑马、射箭、滑雪、攀岩等多种项目，为游客提供了丰富的选择。

（四）开放性与包容性

（1）开放性。随着科技的进步和全球化的发展，体育旅游资源展现出更强的开放性，如我国南方热带地区的室内滑雪场等，充分体现了人类对自然能力的利用。同时，全球化使得体育旅游资源得以快速流动和共享。

（2）包容性。体育旅游资源具有强大的包容性，能够与文化、经济、社会以及生态等多种因素相互融合、共同发展。

三、体育旅游资源的分类

（一）分类基准

在构建体育旅游资源分类体系时，深入考量了体育旅游资源的本质与特性，回顾了国标旅游资源分类体系中与体育旅游紧密相关的资源类型。同时，借鉴了自然资源分类结构的逻辑，并结合了业内专家对于体育运动项目与体育旅游资源融合发展的建议。在资源分类的过程中，特别注重资源属性与体育运动项目开展条件的匹配性，以此作为分类的核心依据。为了更具体地指导分类工作，以国务院办公厅发布的《关于加快发展健身休闲产业的指导意见》（国办发〔2016〕77号）为基准，梳理了户外运动项目的种类，并参照了《体育场所开放条件与技术要求　总则》（GB/T 34311—2017），提取了各类体育运动项目所需的开展条件和场地要求。

（二）分类的准则

（1）系统性考量。体育旅游资源具有多样性和复杂性，它并非简单的资源个体堆砌，而是一个由多种资源个体在特定区域内构成的完整系统。因此，在分类过程中，需要从整体上深入理解各类资源，确保分类体系能够全面覆盖所有类别的体育旅游资源并具备广泛的适用性，以支持不同区域体育旅游资源的调查。

（2）统一性与区分性并重。在分类体育旅游资源时，既要确保同一类资源遵循相同的划分标准，又要确保不同类别资源间的标准存在显著区别。这就要求准确把握各类资源的特性，根据属性的相似性进行归类，根据属性的差异性进行区分。

(3) 注重实践应用。分类体系的建立应着重考虑其在实际操作中的可行性和实用性，以便能够真实反映并归类现实中的各类体育旅游资源。这一体系不仅能够为特定区域的体育旅游资源调查提供理论框架，还有助于我们掌握各类资源的现存状况，为体育旅游的发展提供方向。同时，通过将分类与体育旅游资源的评价、开发等后续工作紧密结合，可以根据不同类型的资源制定不同的评价和开发策略，为后续的深入研究提供有力支持。

（三）分类体系的结构层次

(1) 第一层次（两大主类）。基于体育旅游资源的定义和特性，以及游客参与方式的不同，将体育旅游资源整体划分为参与型和观赏型两大主类。

(2) 第二层次（六大亚类）。依据资源的空间分布，参与型体育旅游资源被细分为地文类、水域类、空域类以及都市类。其中，都市类涵盖了除水、陆、空类别外的综合性资源，如体育公园、体育特色小镇等。观赏型体育旅游资源则根据资源的适游时间和存在形态，分为事件型和景观型。

(3) 第三层次（十二个基本类）。进一步细化分类，地文类资源可分为山地类、平原丘陵类、特殊地貌类，水域类资源可分为河流湖泊类、海域类、冰雪类，空域类资源包括空中资源类，都市类资源主要强调其稀缺性和旅游吸引力。事件型资源根据资源的性质和体验性，分为体育赛事类、体育节庆与活动类。景观型资源则根据观看目的和意义的不同，分为体育建筑与设备设施类、体育教学科研试验场所类。

（四）分类指标体系

针对体育旅游资源的分类，采用了一套更为直观和系统的指标体系，旨在清晰界定各类资源的特性和功能，更好地服务于体育旅游的发展需求。具体分类如下。

(1) 参与型体育旅游资源。此类资源侧重于为体育运动爱好者提供直接参与和体验的机会，满足其健身与娱乐的需求。

地文类景观资源。①山地景观：以较高海拔、显著起伏和陡峭坡面为特征，适宜开展登山、攀岩、蹦极等极限运动。②平原丘陵景观：地势平缓，起伏较小，适合拓展训练、自驾游、露营、自行车越野及徒步旅行等户外活动。

③特殊地貌景观：包括岩石洞穴、沙地、泥地、地震遗迹、火山地形、冰川等，适用于滑沙、沙滩运动、滑草及探险类体育活动。

水域类景观资源。①河流湖泊与海域：依据水流特性，适配漂流、龙舟、冲浪、潜水等水上运动。②冰雪景观：满足特定气候条件下的滑冰、滑雪、冰球等冬季运动需求。

空域类景观资源。为飞行模型、跳伞、热气球、滑翔伞等空中运动提供安全无碍的高空环境。

都市类景观资源。人造体育设施：涵盖主题乐园、室内冰雪场、高尔夫球场、体育小镇及主题酒店等，为城市居民和游客提供丰富多样的体育娱乐选择。

（2）观赏型体育旅游资源。该类资源着重于展示体育赛事与景观，供游客欣赏，达到休闲娱乐的效果。

事件型体育旅游资源。①专业竞技赛事：如 F1 赛车、网球大师赛等，吸引全球观众，成为目的地旅游的重要驱动力。②大众体育节庆：包括体育节、文化节、民族传统运动等，如舞龙舞狮、武术表演，营造浓厚的文化氛围和互动体验。

景观型体育旅游资源。①体育建筑与设施：包括著名体育场馆、博物馆、高科技体育装备展示，如鸟巢、水立方、VR 体验中心等，增强游客对体育文化的认知。②体育教育科研场所：包括体育训练基地、科研机构等，提供深入了解体育科学与技术的窗口，如上海东方绿舟体育训练基地、中国乒乓球学院等。

四、体育旅游资源评价

（一）体育旅游资源评价的重要性

体育旅游资源的评价是一项基于全面调研的综合性工作，其核心在于对体育旅游资源本身的价值、影响力、环境品质、安全状况、交通便捷性、市场需求以及经济可行性等多维度进行科学、客观的评判。这项评价工作意义重大，它不仅为新兴体育旅游目的地的规划与建设提供了坚实的依据，也为既有体育旅游区域的升级、创新和扩展规模指明了方向。

通过细致的评价，可以明确体育旅游资源的现状，包括其自然条件、生态环境以及开发潜力，从而将其划分为不同的等级，为后续的资源开发提供精确的参考标准。更重要的是，综合评价的结果能帮助我们更好地理解如何有效利用体育旅游资源，发挥地区特有的优势和特色，构建起一个全面协调的体育旅游发展蓝图，确保体育旅游资源的可持续利用和体育旅游产业的健康发展。

简而言之，体育旅游资源的评价是推动体育旅游行业科学决策、优化资源配置、提升服务质量的关键环节，对于打造高质量、有特色的体育旅游产品至关重要。

（二）体育旅游资源评价体系及方法

1. 体育旅游资源评价体系

体育旅游资源评价是一个跨学科的综合过程，它涵盖了体育、艺术、自然、历史、地理、气候、经济以及科技等多个领域的考量。为了确保评价结果的准确性和实用性，评价工作不仅要贴近体育旅游资源的实际情况，还要紧密结合体育旅游项目的独特性和特点，实现体育旅游资源与运动项目的深度融合。

当前，体育旅游资源评价尚未形成统一的指标体系。鉴于此，本书参照了2017年国家标准化管理委员会发布的《旅游资源分类、调查与评价》标准，并紧密结合市场体育旅游的实际需求以及体育旅游资源自身的特色价值，构建了一个全面且系统的体育旅游资源评价体系。该体系旨在为体育旅游资源的合理开发和有效利用提供科学依据和指导。

（1）体育旅游资源要素的价值评估。①观赏与游憩的实用性。体育旅游活动因其动态性而独具魅力，其带来的视觉享受、刺激体验等直接影响着旅游体验的质量。因此，评估体育旅游活动的观赏与游憩价值，是评价其质量的重要一环。②历史、文化、科学与艺术的深度。体育旅游资源承载着丰富的社会历史、体育项目、民族传统等文化价值。这些蕴含在历史、文化、科学与艺术中的深度，既是吸引游客的重要因素，也是评价体育旅游资源不可或缺的一部分。③珍稀与奇特的独特性。体育旅游资源的珍稀奇特程度反映了其独特性和新颖性，能够满足游客对于新奇事物的追求。因此，在评价体育旅游资源时，其珍稀奇特程度也是一项重要的考量指标。④规模、丰富程度与发生频率。在评估体育旅游资源时，需要考虑其规模大小、资源的丰富程度、自然景象和人文活动的发生频率。这些指标能够反映出资源的独特性和吸引力，对于评价体育旅游资源具有重要意义。⑤形态与结构的完整性。体育旅游资源的完整性是评价其质量的重要标准之一。这一指标主要关注资源形态与结构的完整程度，以确保游客能够享有完整的体育旅游体验。

（2）体育旅游资源的影响力。①知名度和影响力评估。对于体育旅游资源的评价，将着眼于其在全球、国家乃至地区范围内的知名度，评估其是否构成在全球范围内、全国范围内或地区内广为人知的品牌影响力。②适用性与受众范围。在评价体育旅游资源时，将考虑其一年中适宜进行体育旅游的有效天数，以及这些资源能吸引和容纳的体育旅游者数量。这将有助于准确评估资源的适用性和潜在受众范围。

（3）体育旅游资源的额外价值。在评价体育旅游资源的价值时，环境保护和安全性是必须重视的方面。将主要关注体育旅游环境或设施的污染程度以及潜在的安全隐患。优质的体育旅游生态环境和安全的设施保障，对于提升资源的整体价值具有至关重要的作用。因此，这些因素将作为评价体育旅游资源的重要标准。

2. 体育旅游资源评价方法

在评价体育旅游资源时，主要依赖两种评价方法，分别是定性评价与定量评价。这两者并非独立存在，而是相互关联、互为补充的。定性评价作为定量评价的基础和先导，它依赖于专家的经验、直觉和专业知识，对资源特性进行描述和分类。定量评价则通过精确的数据和数学方法，为资源的价值、影响力和吸引力等提供准确、全面的量化指标。

为了获得更全面和更深入的评价结果，通常会将这两种方法结合起来使用。这样的综合评价方式不仅能够考虑到资源的内在特性，还能通过数据支持来验证和强化这些特性的价值。因此，在体育旅游资源评价过程中，结合定性评价与定量评价是非常必要和有效的。

（1）定性评价。①体验式评估。体验式评估强调评价者亲身参与、体验单项或组合的体育旅游资源，基于个人对资源质量的直观感知和体验，形成对资源的评价。鉴于体育旅游的高度主观性，体验式评估在体育旅游资源评价中占据重要地位。②“三三六”综合评价。此方法涉及对体育旅游资源的三个价值维度（历史文化价值、艺术观赏价值和科学考察价值）、三个效益维度（经济效益、社会效益和环境效益）以及六大开发条件（地理位置与交通、地域组合条件、环境容量、客源市场、投资能力和施工难度）进行全面评价。通过这种方法，可以更加系统、全面地了解体育旅游资源的各个方面。

（2）定量评价。①等级评分法。等级评分法通过设定明确的评分标准，对体育旅游资源要素价值中的各项指标进行量化评分，如体育旅游的观赏游憩价值、历史文化价值等。基于各指标得分，对体育旅游资源进行等级划分，从而更准确地反映其综合价值。②数理统计法。该方法基于大量关于体育旅游资源的数据资料，运用数学统计方法对资源的特性进行量化描述和判断。这种方法具有较高的客观性和准确性，能够更科学地评估体育旅游资源的价值。

（三）体育旅游资源的分级与评分准则

1. 基础评分框架

体育旅游资源的评价体系由基本分值构成，总评分为 100 分。其中，“体育旅游资源要素价值”占 85 分，细分如下：“观赏与休闲价值”，30 分，考察资源吸引游客的能力；“历史、文化、科学与艺术价值”，25 分，评估资源的文化内涵与教育意义；“稀缺与独特性”，15 分，衡量资源的罕见程度；“规模、丰富程度与发生率”，10 分，考虑资源的广度和可访问性；“完整性”，5 分，评价资源的保存状态。

同时，“体育旅游资源影响力”计 15 分，包括：“知名度与社会影响”，10 分，反映资源的公众认知度；“适宜游览期或使用范围”，5 分，考量资源的可用时段。

“体育旅游资源附加值”中的“环境保护与环境安全”评分既可能为正也可能为负，体现资源的生态责任。

2. 评分规则

基于设定的评价指标与等级评分标准，对体育旅游资源进行全方位评价，并依据其表现赋予具体分数。在评分过程中，各项指标被细分为不同级别，每个级别对应特定的评分标准。

3. 等级分类

通过对单一体育旅游资源的综合评价，确定其综合评分。根据总评分，体育旅游资源被划分为五个等级，自高至低分别为：

特品级（五级），得分≥90 分，具有极高开发价值。

极品级（四级），得分 75～89 分，开发潜力巨大。

优质级（三级），得分 60～74 分，具有良好的开发前景。

良好级（二级），得分 45～59 分，有一定开发价值。

普通级（一级），得分 30～44 分，开发价值一般。

五、体育旅游资源的分布情况

我国地形丰富，体育旅游资源潜力巨大。

（一）西部地区体育旅游资源

1. 当前发展状况

我国西部地区作为多民族的聚集地，其丰富多彩的传统体育活动已成为当地体育文化资源的重要支柱。经过岁月的沉淀和发展，西部地区体育旅游产业已成功构建了三大核心体系：以民族文化体验为主的旅游产品，以国内外重大赛事为焦点的观赏型体育旅游产品，以及基于西部原始生态环境的科考探险类旅游产品。

2. 显著的开发优势

（1）资源优势显著。西部地区地域辽阔，地形复杂多变，包括高原、山地、盆地、草原和沙漠等多样化的自然资源，这些地形地貌孕育了丰富的自然体育旅游资源。同时，西部地区独特的文化和人文景观为西部地区体育旅游的发展提供了得天独厚的条件。

（2）民族文化璀璨。西部地区汇聚了众多民族，拥有近500项民族传统体育项目。这些民族所具有的独特文化，如赛马、射箭和民族舞蹈等，为西部地区体育旅游文化的发展注入了活力。

（3）国内外赛事资源丰富。西部地区举办的一系列国际体育赛事，如环青海湖国际自行车赛、青海国际高原攀岩精英赛、岗什卡国际滑雪登山挑战赛等，不仅充分利用了当地的资源，还极大地推动了相关产业的繁荣。

（二）中部地区体育旅游资源

1. 当前发展状况

中部地区具有丰富的资源和高级别的品质，蕴藏着巨大的体育旅游资源潜力。其独特的自然风光、深厚的历史文化底蕴等特色，共同构成了中部地区独特的旅游资源。同时，该地区还拥有众多的民族体育运动项目，为中部地区体育旅游的发展提供了坚实的支撑。

2. 显著的开发优势

（1）优越的地理位置。中部地区位于我国内陆的核心地带，连接东西南北，具有得天独厚的区位优势。它北接环渤海体育旅游圈，毗邻我国重要的政治、经济、文化中心；东南部与长江三角洲体育旅游圈相邻，该旅游圈是东南亚国家客源的重要中转地；西部相接于西部大开发地区，有效吸引了潜在的国内游客。

（2）丰富的资源。中部地区将自然与人文体育旅游资源完美融合。这里重峦叠嶂，自然风光秀丽宜人；同时，作为中华文明的重要发源地，许多自然山水资源与历史古迹紧密相连，旅游资源丰富且品质上乘。

（3）便捷的交通网络。中部地区是我国东西南北交通的重要枢纽。地面交通网络发达，拥有数十条铁路干线和数百条铁路支线；公路交通便捷，国家级、省际高速公路和国道交织成网；长江与黄河的流经，为中部地区提供了便利的内河运输条件；此外，中部地区的民用机场已开通众多国内和国际航线，为游客提供了多样化的出行选择。

（三）东部地区体育旅游资源

1. 当前发展状况

我国东部地区经济繁荣，为举办国际体育赛事提供了坚实的经济基础和资金支撑。以上海为例，这座城市多次举办与国际接轨的大型赛事，吸引了大量体育爱好者前来观赛。此外，东部临海地区具备发展海洋旅游的天然优势。对比研究显示，东部地区在体育旅游资源上，以节庆活动和体育旅游产品为主导。

2. 显著的开发优势

（1）优越的地理位置。东部地区汇聚了我国经济最为发达的四大城市群，包括京津冀、长三角、珠三角和海峡经济区。这些地区海运、河运便利，特别是长三角、珠三角等地区具备对外开放的显著优势，便于吸引外国游客。

（2）丰富的自然资源。东部地区地形以平原和山地为主，河流密布，山脉森林众多，为登山、越野等山地活动提供了得天独厚的自然条件。沿海地区则是游泳、帆船、沙滩排球等水上运动的理想场所。此外，东部地区还具备优质的体育人文环境，众多历史文化名城蕴藏着丰富的体育文化。

（3）竞技体育的繁荣。东部地区凭借经济优势，推动了竞技体育的蓬勃发展。我国举办的重大体育赛事如奥运会、亚运会、全运会等，多数由东部地区承办。这吸引了大量观众前来观赛，推动了东部地区体育旅游业的兴旺发展。

第二节 体育旅游资源的管理

体育旅游资源作为体育旅游业发展的基石，其发掘与利用是推动行业前行的关键。唯有充分开发并深度挖掘这些资源，方能实施有效的整合与管理策略，进而促使体育旅游在持续的开发、整合与管理循环中稳步成长，实现长远发展。对体育旅游资源的妥善管理，实质上是在资源开发与整合实践中的核心目标。这一目标的达成，不仅要求在前期做好资源的探索与评估，更要求在后续的运营中不断创新管理模式，确保资源的永续利用，最终促进体育旅游业的健康、持续繁荣。

一、体育旅游资源管理的定义和核心要素

（一）体育旅游资源管理定义的深度解读

要深入解析体育旅游资源管理的定义，首先要明确体育管理的核心内涵。简而言之，体育管理是由具有相应管理权限的组织或个人，通过科学、系统的手段对体育系统中的各种要素（如人员、资金、物资、信息、时间等）进行规划、组织、协调、控制和监督的过程。

将这一管理逻辑与体育旅游资源相结合，便能得出体育旅游资源管理的具体定义：它是指与体育旅游资源相关的管理组织或个人，通过科学、系统的方法，对体育旅游系统中的各个关键要素进行规划、组织、协调、控制和监督的综合性过程。

鉴于体育旅游资源的复杂性和多样性，其管理过程需要全面而细致。在管理过程中，每一个子系统的操作都需要与体育旅游资源管理的整体目标紧密结合，并确保两者目标的一致性。同时，对各子系统的管理应积极主动，以期实现体育旅游管理总系统目标的顺利达成。

（二）体育旅游资源管理的核心要素

体育旅游资源管理聚焦于两大关键领域：管理对象，管理工具与策略。以下是对这两方面的深入解析。

1. 管理对象

（1）人。在任何活动中，人始终是行动的核心。对于体育旅游资源管理而言，人既是管理者也是参与者，没有人的介入，管理活动便无从谈起。人不仅是体育旅游管理系统的构建者，也是实现体育旅游管理目标与计划的执行者，其重要性贯穿于组织架构与具体执行的各个环节。

（2）财。资金是推动事物发展的关键动力。在体育旅游资源管理中，充足的资金既是保障体育旅游事业顺利运作的物质基础，也是创造经济、政治、精神与社会价值的基石。因此，实现体育旅游资源管理经费合理规划与高效利

用，对于促进体育旅游的全面发展至关重要。

（3）物。充足的物质条件是体育旅游事业发展的必要前提。这里的物主要包括体育设施、器材、仪器与装备等。有效管理这些资源，能够显著提升其使用效率，为体育旅游的蓬勃发展注入强劲动力。

（4）时间和信息。时间和信息是体育旅游资源管理中不可或缺的要素，直接关系到体育旅游事业能否实现快速、稳定与可持续发展。时间管理旨在提高工作效率，实现单位时间内产出最大化；信息管理则强调收集与整理信息，为决策提供可靠依据。

2. 管理工具与策略

所谓管理工具与策略，实质上是管理者为达成体育旅游资源管理目标所运用的一系列方法与措施的集合。这些多元化的管理手段相辅相成，共同构成了体育旅游资源管理的策略体系，旨在促进资源的优化配置与高效利用，实现体育旅游行业的健康发展。具体而言，常用的管理手段涵盖以下几个方面：①法规手段。依托法律法规，规范体育旅游资源的开发与保护，确保管理活动的合法性与合规性。②行政手段。借助政府机构的权威，通过政策指导、行政命令等方式协调各方利益，推动资源的有效管理。③经济手段。运用财政补贴、税收优惠等，激励体育旅游资源的合理开发与可持续利用。④宣传教育手段。通过媒体宣传、教育培训等途径，提高公众对体育旅游资源价值的认识，倡导保护与合理利用的理念。

（三）体育旅游资源管理的理论基石

体育旅游资源管理深植于一系列理论原则之中，这些原则与体育旅游管理的普遍法则相呼应，共同指引着资源的高效管理。以下是几个核心管理原理的解读与应用。

1. 系统原理

系统原理强调运用系统论视角，全面审视管理对象，确保现代管理的优化目标得以实现。其理念源于整体效应观，即系统整体功能大于各独立部分功能之和，且系统规模与复杂度的增加将进一步放大其效能。在体育旅游资源管理中，遵循“整—分—合”、优化组合与相对封闭的原则，实现资源的系统化管理。

2. 动态原理

动态原理主张管理活动应灵活应对变化，及时调整管理策略以适应管理对象的动态发展。在体育旅游资源管理中，须遵循弹性原则与信息反馈原则，保持管理机制的灵活性，确保管理目标的实现。

3. 人本原理

人本原理强调以人为核心，通过激发人的主观能动性，促进人的全面发展。在体育旅游资源管理中，重视行为、动力与能级对应原则，确保人力资源的有效配置与管理。

4. 效益原理

效益原理关注管理活动的经济效益与社会效益，追求资源的最优配置，以实现最大效益。在体育旅游资源管理中，效益的追求应兼顾长期稳定性、局部与全局的协调、效益观念的确立以及经济效益的直接体现，同时重视管理思想的正确性。

5. 责任原理

责任原理旨在通过明确职责、合理授权、规范奖惩与管理，实现组织目标与个人潜能的双重提升。在体育旅游资源管理中，强化责任意识、确保责任落实到位是管理成效的关键。

6. 竞争原理

竞争原理鼓励良性竞争，激发员工的工作热情与进取心，促进个人能力的提升。在体育旅游资源管理中，应注重竞争的正面导向，提倡公平竞争，避免使用不正当手段，确保评价与制裁的公正性，营造健康向上的竞争氛围。

二、体育旅游资源的产权管理

（一）体育旅游资源产权的概念

1. 产权概念

在探讨体育旅游资源产权之前，先明晰产权的基本含义。从经济学视角，产权可定义为：由物品存在及使用引发的人际相互承认的行为规范，本质上描述的是人与人之间的关系，而非人与物的直接联系。

产权通过确立一套规则，规范了个体对特定物品的行为边界，对所有人形成约束。由此可知，产权实质上界定了个体在利用某项资源时的经济地位及社会关系，体现了人与人之间基于资源使用的权利义务关系。产权特性鲜明，主要体现在排他性、有限性和可交易性等方面。

2. 体育旅游资源产权释义

基于对产权的理解，体育旅游资源产权可界定为：在体育旅游资源的开发、管理、利用与保护过程中制定的一系列规范，用于调控地区、部门、法人、团体与国家之间对旅游资源的使用行为。

进一步解析体育旅游资源产权的内容。

（1）所有权。从狭义角度，所有权反映了体育旅游资源的归属与终极控制权。

（2）使用权。其涉及资源的消费性使用与生产性使用两方面，前者侧重于资源的直接体验，后者关注于资源的经济产出。

（3）管理权。其决定着体育旅游资源如何被使用，是使用权实现的前提与保障。

体育旅游资源产权除了具备一般产权属性外，还具有一些特殊属性，如社会公益性、外部性和内生性，这些属性反映了体育旅游资源在公共利益、环境影响及地方特色等方面的独特价值。

（二）体育旅游资源产权管理关联理论

与体育旅游资源产权管理紧密相连的理论主要包括以下几点。

1. 公地悲剧理论

公地悲剧理论的核心在于，当多人共享同一资源时，个体追求自身利益最大化可能导致资源的过度开发，最终致使资源枯竭，无人受益。这一理论可通过集体行动逻辑、哈丁牧场模型与囚犯困境博弈三个层面予以阐释。其应用于体育旅游资源经营权问题，揭示了个人理性选择可能导致集体非理性行为，从而加剧资源退化，损害集体利益。

2. 外部性理论

在生产和消费活动中，产生的利益或损害往往超出消费者和生产者个人范畴，对周边环境产生影响。当活动带来正向影响却未从中获取额外收益时，称之为外部经济性；反之，若活动造成负面影响而未支付补偿，即为外部不经济性。政府在体育旅游资源管理中的首要任务是识别并协调外部性，确保经营活动的正外部性得到发扬，负外部性受到抑制，以免对社会造成不利后果。为此，构建约束机制，避免经营活动导致的负外部性至关重要。

3. 公共选择理论

公共选择理论指出，尽管政府行为带有强制性，但并非随意或非理性，其强制权力是民众通过公共选择过程赋予的，旨在提升社会与经济福祉。政府干预体育旅游资源管理通常采取以下几种方式：①直接行动。政府设立企业自行生产，或向私营部门采购产品。②间接管理。政府将经营权委托给相关部门执行。③行政命令。政府要求私营部门执行特定行动。

这些理论为体育旅游资源产权管理提供了理论支撑，指导着资源的合理开发、保护与利用，旨在平衡公共利益与个体利益，促进资源的可持续发展。

（三）体育旅游资源产权管理的实施策略

为有效管理体育旅游资源产权，可采取以下途径。

（1）健全法治体系，推行垂直一体化管理。在体育旅游资源管理中，健全的法律框架是确保各种管理模式有效运行的基石。同时，实行垂直一体化的领导模式，能有效厘清管理权限，实现权限与责任的统一，强化管理的权威性和效率。

（2）分离管理权与经营权。政府将体育旅游资源的管理权与经营权分离，有利于资源的合理配置与高效利用，同时提升管理水平。分离后，经营部门能更专注于自身文化特色的挖掘与开发，不断提高经营的专业化水平，促进服务质量的提升。政府通过授权经营，不仅能为游客提供更多便利，还能有效提高体育旅游资源的利用率。

（3）加大政府财政支持。国家财政部门应加大对相关管理部门的财政投入，适度降低门票及服务费用，增强体育旅游资源的社会福利属性。然而，实施此策略须具备强大的经济基础，确保财政支出的可持续性。

上述策略旨在构建一个法治健全、权责分明、资源高效利用的体育旅游资源管理体系，促进体育旅游产业的健康发展与社会福利的提升。

三、体育旅游资源的信息管理

（一）体育旅游资源信息管理的含义

1. 信息界定

信息有广义与狭义之分。此处提及的信息侧重于广义范畴，即社会传播的所有内容。它描绘了客观实体的状态与特性，帮助人们深入了解事物的存在形式与运动规律。

2. 体育旅游资源信息管理的含义

在体育旅游资源管理的框架下，信息管理占据重要位置。体育旅游资源蕴含着丰富多样的信息，不仅包括资源本身的特性，还涉及交通、娱乐、住宿等配套设施信息。

体育旅游资源信息呈现出数量庞大、类型多样、传播对象广泛的特点，覆盖了从服务人员到各类游客的广阔范围。与一般资源信息相比，体育旅游资源信息的独特之处在于其海量性、传播难度、综合性与层次性。

体育旅游资源信息管理实质上是一项战略性的管理活动，涉及信息的开发、规划、控制、整合与利用。通过有效管理信息，能够满足管理者、经营者与消费者对体育旅游资源信息的需求，促进信息的顺畅流通与高效利用。

（二）体育旅游资源信息管理系统重构

1. 系统内涵阐释

体育旅游资源信息管理系统的核心功能在于收集、存储、管理、分析、模拟及展示旅游资源信息，旨在为用户获取旅游资讯、制定决策及执行服务等提供便捷。这一系统效能发挥的根基在于一个集地图、文本等多元信息于一体的数据库。

本质上，该系统归属于管理信息系统领域，但与传统信息系统存在显著差异。相较于普通系统，体育旅游资源信息管理系统更侧重于空间数据处理，借助地理信息系统（GIS）的功能，精准分析和管理具有地理位置特征的数据，从而实现区域管理目标的优化。

2. 系统架构与组成

体育旅游资源信息管理系统的架构大致划分为系统层、数据层与用户层，每一层均承载特定职能。

（1）系统层。硬件方面，应选用高配计算机，使用大容量硬盘，并配备数字化仪、扫描仪、打印机及数字通信设备等辅助工具。软件层面，涵盖操作系统、数据库管理软件及网络连接软件等。

（2）数据层。①数据库结构。作为系统的心脏，数据库的设计直接影响系统性能与信息处理速度，应优先考虑提升查询与数据处理效率。数据库类型通常分为空间数据库和属性数据库，分别存储地理位置信息与非空间属性信息。②功能模块。系统由多个模块构成，如用户管理、数据管理、数据录入等，每个模块负责不同的任务。

（3）用户层。用户层面向两类终端用户——游客与政府、旅游企业。前者寻求全面真实的目的地资源信息，以规划理想行程；后者依赖准确的资源统计、分析与预测，为深度旅游开发与管理提供决策支撑。

（三）体育旅游资源信息管理系统的实践运用

体育旅游资源信息管理系统的实施可归纳为三大场景，彰显其在现代旅游业中的价值与影响力。

1. 资源普查与评价的革新工具

在体育旅游资源的普查与评价活动中，该系统扮演着革新者的角色。它摒弃了传统的手动操作方式，转而采用先进科技手段，高效搜集、整理并综合分析体育旅游相关信息。此举不仅显著提升了工作效率，还确保了体育旅游资源信息的有效利用，为行业注入了现代化管理的新活力。

2. 助力旅游监管与决策

通过集成体育旅游资源信息管理系统，相关管理部门能够实现对资源使用情况的实时监控，并基于科学评估，为政策制定和监管提供坚实的数据基础。这种动态监测机制增强了决策的精准性与及时性，推动旅游业朝着更健康、有序的方向发展。

3. 构建信息共享平台

该系统充当了一个强大的信息枢纽，为政府机关、教育科研机构、广大旅游从业者及游客提供了丰富的数据资源。无论是深入研究体育旅游资源还是日常运营决策，都能从中获取所需信息，促进知识与经验的广泛交流。更重要的是，它促进了体育旅游资源信息的公开透明，实现了信息的无缝共享，为体育旅游业的繁荣提供了有力支撑。

四、体育旅游资源的质量管理

（一）体育旅游资源质量管理的内涵

1. 质量：核心与感知

质量作为质量管理领域中不可或缺的核心概念，其本质在于衡量产品或服务在使用中满足用户需求与期望的程度。简而言之，质量的高低直接关联顾客满意度的深浅。

2. 质量管理：发展历程与内涵

质量管理与科技进步和生产力提升紧密相连，其演进路径可大致划分为三个阶段：产品质量检验期，统计质量管理时期，全面质量管理时期。实质上，质量管理涉及指挥、控制组织内部与质量相关的协同活动，涵盖制定质量方针、设定目标、规划、控制、保证及持续改进等关键环节。

3. 体育旅游资源质量：独特视角

体育旅游资源质量可定义为资源本身或其组合满足特定需求的能力。不同于传统工业产品，体育旅游资源无需经历化学或物理变化即可供游客体验，只需调整外部条件即可。其质量由类型特色、结构规模与价值功能三大要素构成，细化至完整性、观赏性、独特性、价值性、组合性及规模性等多个维度。

4. 体育旅游资源质量管理：核心与挑战

体育旅游资源质量管理作为旅游品质管控的重心，其聚焦于资源的保护与合理开发。它不仅关注资源的质量属性、特征与等级，还深入分析开发流程，展现出系统工程的复杂性。此外，资源管理需超越资源本身的局限，从更宏观的角度审视旅游环境，确保可持续发展与游客体验的和谐统一。

总之，体育旅游资源质量管理是一项多维、细致且具有前瞻性的任务，旨在通过科学管理，提升资源的吸引力与持久力，促进体育旅游业的健康发展。

（二）体育旅游资源的标准质量管理

1. 标准：统一与规范

标准是对反复出现的事物和概念所做出的一致性规定，其制定须综合考量科学原理、技术进展与实际操作经验，以确保规范的全面性和适用性。

2. 体育旅游资源标准化

体育旅游资源的标准化工作旨在通过建立一系列开发和服务准则，有力推动体育旅游业的持续健康发展。这一进程可细分为四大关键步骤：旅游资源及其环境的详尽调研，区域规划的科学编制，旅游产品的创新研发，以及景区运营的精细管理。这些阶段并非孤立存在，而是环环相扣，共同构成一个有机整体。

为了实现旅游资源的妥善保护与开发效率的最大化，除确立各阶段的具体工作标准外，还需构建一套完整的管理标准体系。当前，我国已出台多项相关国家标准，详细阐述了各项标准的具体要求，为体育旅游资源的标准化管理提供了坚实的制度保障。

（三）体育旅游资源的全面质量管理

1. 质量规划：导向与动态调整

作为体育旅游总体规划的组成部分，体育旅游资源的质量规划对体育旅游业的发展起着至关重要的指导作用，体育旅游资源质量规划直接影响着最终产品与服务的品质。在规划体育旅游资源质量的过程中，应充分利用现代技术手段，实施对体育旅游资源的监控与调控，根据资源的动态变化适时修订规划，实现对旅游资源的灵活管理。体育旅游资源管理组织须高度重视质量规划，将其作为起点，推动质量的持续优化与改进。

2. 质量管理：责任与机制

实现科学的质量管理，须建立健全质量管理责任体系并不断优化，以充分发挥组织管理效能。鉴于体育旅游资源管理组织结构的复杂性，应明确界定各部门及员工的职责与权限，确保管理的科学性。在管理实践中，应做到责任到人，完善工作检查与监督机制。

具体而言，体育旅游资源的质量管理需从社会、行业管理、景区管理三个层面入手，采取针对性措施。①社会层面。新闻媒体与公益组织应通过宣传引导，增强公众环保意识与文明旅游观念，培养公众自觉保护旅游资源的习惯。②行业管理层面。行业协会与国家业务主管部门应制定管理策略，推动旅游资源的标准化管理；地方政府应结合地方特色，制定适应本地的旅游资源管理政策。③景区管理层面。依据国家政策、法律法规与行业标准，推进景区的制度化管理。

3. 质量保障：法律护航

在体育旅游资源质量管理中，立法、执法与司法保障是确保质量的关键。我国在旅游资源保护方面的法律法规涵盖了多个领域：旅游环境管理法规，文物与历史文化名城管理法规，爱国主义教育基地与革命烈士纪念地管理法规，宗教活动场所管理法规，风景名胜区管理法规，森林与草原管理法规，自然保护区管理法规，动植物资源管理法规，旅游度假区与游乐园管理法规等。

第三节　体育旅游资源的可持续发展

一、体育旅游资源可持续发展的基础理论

（一）解读体育旅游资源可持续发展的核心内涵

在当代社会发展中，体育旅游作为一颗璀璨的明星，不仅是社会发展进程的产物，更是回应社会多元化需求的关键领域。体育旅游的兴起不仅映射了社

会经济的活力，更成为推动经济引擎的有力燃料。

对于体育旅游资源可持续发展的定义，可以从历史脉络中寻得其演进轨迹。1990年，在全球可持续发展大会上，一份名为《旅游可持续发展行动战略》的草案首度亮相，勾勒出了可持续旅游发展的理论轮廓。1995年，一场聚焦于可持续旅游发展的全球会议召开，会议成果包括《可持续旅游发展宪章》与《可持续旅游发展行动计划》的通过，标志着国际社会对旅游可持续性的共识与承诺。1996年，世界旅游组织、世界旅游理事会（WTTC）与地球理事会（Earth Council）联合推出了《实现环境可持续发展的旅游业21世纪议程》，明确了旅游可持续发展的愿景：在确保未来机遇不受损害的前提下，满足当下旅游者与旅游目的地的实际需求。

世界旅游组织在其出版物《旅游业可持续发展·地方规划指南》中，对旅游可持续发展给出了如下定义：在保障文化传承、生态平衡的同时，兼顾经济、社会与审美需求的满足，实现旅游业的和谐发展。

体育旅游资源的可持续发展被视作一个综合性的目标，旨在通过平衡自然、经济、社会与文化因素，促进体育旅游行业的长期繁荣与环境的永续保护。这一理念要求在体育旅游资源开发与管理中，既要考虑到经济效益的提升，也要注重文化遗产的尊重与生态保护，确保旅游业的发展不会以牺牲未来世代的利益为代价。

（二）体育旅游资源可持续发展的原则

体育旅游资源可持续发展的核心在于确保资源的完整性和持续性，这要求采取科学且周密的管理措施，以守护生态系统的和谐与稳定。这意味着在开发利用体育旅游资源时，必须遵循一套精心设计的准则，既保护自然环境，又维护生态平衡。

可持续发展的体育旅游资源所追求的不仅是自身的生机与活力，更在于全面响应社会大众的多样化需求，确保每个人都能从中获得满足与享受。这一理念倡导在保护资源的同时促进其合理利用，使得体育旅游资源既能焕发持久魅力，又能服务于广泛的公众利益，实现自然、经济与社会的共赢局面。

1. 公正性原则

公正性原则在体育旅游资源管理中体现为多维度的平衡。

（1）资源分配公正。体育旅游资源并非均匀分布，特定区域拥有独特的资源权益。在开发时，既要合法行使权利，也要承担不对其他地区环境造成负面影响的义务。

（2）当地居民权益保障。在开发体育旅游资源时，应为当地居民提供生计与发展机会，确保他们能分享旅游收益。

（3）跨代公平。体育旅游资源的开发不应限于短期利益，应着眼于长远，避免剥夺后代利用自然资源的权利。在管理过程中，须谨慎处理当代与后代的利益冲突，着眼未来，重视资源的长期发展潜力。

2. 持续性原则

持续性原则强调，体育旅游资源的开发与旅游业的增长应在生态系统承载能力范围内进行，避免掠夺式开发。从旅游可持续发展理论角度看，地球被视为自然、社会、经济、文化的复合系统，倡导人与自然和谐共生。

（1）功能与匹配考量。体育旅游资源的持续发展须考虑旅游在区域发展中的功能及其与相关子系统功能的匹配，避免超前或限制性的人为干预，确保资源的合理利用。

（2）分类与差异化管理。了解不同类型体育旅游资源的特点，遵循针对性原则，平衡资源开发、保护与旅游需求，科学规划、开发与保护资源，深入挖掘资源价值，延长资源使用寿命，促进资源可持续利用。

3. 协调性原则

体育旅游业发展须考量与经济社会发展水平的关系，以及生态环境承载力。应分析体育旅游资源的市场、等级、结构，促进生态、经济、社会的健康、协调、可持续发展。

4. 共同性原则

体育旅游可持续发展强调全球协作。面对资源与环境的全球性或区域性问题，须摒弃地域局限，建立稳固的国际秩序与合作关系，共享现代化旅游技术、信息与管理经验，共同促进全球体育旅游业的繁荣与发展。

二、体育旅游资源可持续发展的迫切需求

在体育旅游业的蓬勃发展中，部分开发者过度追求经济利益，环境保护意识淡薄，导致了生态破坏、环境污染等一系列问题的发生。这些问题严重威胁到了体育旅游产业的长期稳定与健康发展，凸显出体育旅游资源可持续发展的紧迫性和必要性。

体育旅游资源遭受损害的现象背后隐藏着复杂多元的因素，深入剖析这些成因对于制定有效的监管和保护策略至关重要，有助于为体育旅游业绿色、健

康、持续发展奠定坚实基础。

（一）自然侵蚀的影响

在自然界中，体育旅游资源不可避免地受到风蚀、日照、雨水冲刷和冰霜侵蚀的常态性损耗。更为严峻的是，地震、洪水与泥石流等自然灾害的发生给体育旅游资源带来毁灭性的打击。此外，野生动物，如鸟类和白蚁等，也可能对资源构成一定威胁，影响其安全与完整。

（二）人为因素的侵害

1. 建设性损害

在体育旅游资源的开发过程中，全面规划与和谐布局往往难以兼顾。在旅游景点建设中，仍存在体育设施与自然景观的融合不当、文物利用的失误等问题。尤其是在部分偏远地区，尽管交通改善和经济发展促进了体育旅游资源的发掘，但受限于资金、技术和人才，一些宝贵的自然资源在开发初期便存在利用不当的情况。缺乏统一规划导致高价值资源被不当利用，不仅削弱了其旅游吸引力，也远未达到预期效果。

2. 游客活动的负面影响

游客行为构成了对体育旅游资源的最大人为威胁，主要表现在两个方面：一是部分游客在历史遗迹上随意刻画，乱丢垃圾，破坏环境整洁；二是部分体育旅游企业因管理疏忽，导致游客接待量过大，加剧资源的损耗与磨损。

人为因素所导致的破坏往往是最具毁灭性的。强调资源管理的重要性、倡导环保理念与资源价值认知、引导公众形成正确的消费观是防止游客破坏的关键。

3. 过度商业化开发

过度开发也是体育旅游资源受损的重要原因。在一些世界文化和自然遗产景区，诸如酒店、商铺、交通设施及人造景观等商业建筑的泛滥，使景区失去原有的自然风貌。严格控制开发强度，对实现体育旅游资源可持续发展具有重要作用。

三、体育旅游资源管理与保护的主要措施

（一）精心制定区域旅游发展规划

为确保体育旅游资源的有效保护，预先的防范措施至关重要。在启动任何

开发项目之前，都必须进行全面的可行性研究，深入分析体育旅游资源的特性及其潜在影响，避免盲目行动。规划阶段须综合考量多个维度：①评估体育活动对自然环境的潜在破坏，明确体育活动可能对自然景观造成的直接与间接影响。②设计有效的管理和保护机制，探索降低破坏程度或完全规避风险的方法。③体育活动的设计应与景区自然风光相得益彰，提升游客体验，确保体育项目与景区整体景观和谐统一。④考察现有交通、住宿设施的承载能力，详尽分析当地基础设施状况，制订合理的开发计划，同时预备应对突发情况的方案。

（二）树立正确观念，强化保护措施

体育旅游资源的保护应遵循“预防优先，治理为辅”的原则，将两者有机结合，充分利用法律、行政、经济和技术手段，全面提升保护水平。在管理实践中，应积极采用科技手段预防自然灾害带来的损害；对于难以采取直接防护措施的资源，应进行定期检查和维护，力求将破坏降至最低。

（三）预防与遏制人为破坏

人为因素是体育旅游资源保护中的关键挑战。为此，应着重于：一方面，普及资源保护知识，增强参与者保护意识，提升全体游客的文明素养；另一方面，强化管理者与居民的角色定位，无论是决策者、经营者还是普通游客和当地居民，都应共同认识到体育旅游资源的珍贵价值，理解人与自然共生的重要性是实现资源长效保护的基础。

（四）完善法律法规体系

应制定完善一系列旨在保护旅游资源的法律法规，通过加大执法力度，对违规者实施行政处罚和经济制裁，严重破坏者将面临法律责任追究。这可以为体育旅游资源的保护提供坚实的法制保障。同时，法律法规的执行也很重要，确保其有效落地是保护工作的核心。

第五章

不同类别体育旅游的发展及资源整合

体育旅游现今已成为社会发展的关键标志之一，彰显了民众需求从基础物质满足向生活品质与精神追求的深度转变。体育旅游业的兴盛不仅为行业前景描绘了蓝图，提供了丰富的参考与支撑，更是生态文化建设成效的直观反映，展现了人与自然和谐共生的美好图景。

第一节　山地户外体育旅游的发展及资源整合

户外体育旅游涵盖的活动形式广泛多样，山地户外体育旅游无疑是最具特色的分支之一。我国地域广袤，地貌形态丰富，孕育了大量优质的体育旅游景观资源。山地作为我国地貌的一大特色，为山地户外体育旅游的兴起提供了得天独厚的环境优势。

一、山地户外体育旅游的起源与发展

（一）国外山地户外运动的萌芽与进化

山地户外体育旅游的兴起源于山地户外运动的普及，此类运动几乎与户外探险同步发展。直至18世纪，高山对人们而言仍是一片神秘莫测的禁地。第一次工业革命后，出于寻求刺激的欲望，部分人群率先将目光投向了荒野高山。由此，传统观光游逐渐转向探索自然的新型旅游模式。这一转型加上高山地区社会经济的逐步发展，为后续户外体育活动的兴起埋下了伏笔。

19 世纪后半叶，户外运动正式崭露头角，出现了滑冰、登山与徒步旅行等标志性项目。德国见证了首个户外运动俱乐部的诞生，这是一次民间自发的集结，以登山和徒步为核心，堪称现代户外运动社团的雏形。到 19 世纪 90 年代，高山滑雪、登山探险渐成风尚，促使登山技巧与装备日趋成熟，为户外运动的专业化转型奠定了基础。第二次世界大战后，户外运动从单纯的探险活动逐渐演变为规范化体育项目。伴随西方社会工业化与城市化进程，户外运动逐渐走向大众化，成为现代生活方式的一部分。

（二）我国山地户外运动的历史脉络

我国山地户外运动的发展，大致可划分为三个阶段。

1. 探索与学习期

我国户外运动的起点是登山探险。1956 年，中华全国总工会登山队成立，标志着我国登山运动的开端。1957 年，该队成功登顶贡嘎山，我国登山事业迈入新纪元。1958 年，中国登山运动协会成立，确立了“科学考察与体育竞技并重”的方针，旨在提升我国体育国际地位，弘扬“攀登精神”。随后，中国登山队于 1960 年首登珠峰北坡。1988 年，李致新、王勇峰、金庆民与美国登山家合作，登顶南极文森峰，开启了中国海外登山探险的先河。此阶段，攀岩等欧美流行运动亦开始传入我国，但由于条件限制，普及程度有限。

2. 兴起期

20 世纪 90 年代初，高校成为我国民间户外运动的发源地。1995 年左右，大学生组成的登山队活跃起来，响应国家“全民健身”号召，既丰富了校园生活，又培育了大批优秀登山人才，开启了民间登山活动的新篇章。此后，户外运动逐渐融入都市生活，成为时尚潮流。

3. 快速发展期

国家政策的大力支持加速了户外运动的成长。1999 年发布的《中共中央　国务院关于深化教育改革全面推进素质教育的决定》强调“健康第一”，鼓励学校体育创新。2005 年，山地户外运动正式纳入国家体育项目，标志着户外运动规范化时代的到来。当下，山地户外运动如登山、攀岩、徒步等，以其独特的魅力吸引着年轻一代，虽仍处于起步阶段，但发展前景广阔，有望成为引领中国体育旅游新风尚的强劲动力。

二、山地户外体育旅游的核心理论框架

（一）山地户外体育旅游的概念辨析

理解山地户外体育旅游的本质，首先须明晰户外运动与山地户外运动的概念。

户外运动的定义为：自然环境中的探险或体验式体育活动集合，融合了体育、旅游、教育与科学探险的元素，形成了一套独特的项目体系。可将其概括为“依托自然环境，兼具探险性质的体育项目群”。

山地户外运动特指在自然条件下展开的一系列集体活动，依据地形差异，可分为登山攀岩、峡谷探险、高原徒步、丛林生存、荒漠穿越、群体运动及水平运动等不同系列。

结合户外运动与旅游特性，将山地户外体育旅游定义为：人们在闲暇之余，利用山地自然环境进行的冒险、挑战性活动，如徒步、露营、攀岩等，无需借助交通工具，强调体验与探险。

（二）山地户外体育旅游的分类视角

我国山地户外体育旅游项目繁复多样，根据不同标准可进行多种细分。

1. 按运动特性分类

（1）休闲类：如露营、摄影、平衡木行走。

（2）越野类：如越野跑、定向寻宝。

（3）攀登类：如攀岩、高山探险。

（4）划桨类：如漂流、独木舟。

（5）拓展类：如户外拓展训练。

2. 按形式与功能分类

（1）健身性：如登山远足。

（2）探险性：如丛林探秘、洞穴探索。

（3）挑战性：如野外生存、极限攀登。

（4）娱乐性：如徒步、野营。

3. 按活动类型分类

（1）徒步或穿越。

（2）野外生存。

(3) 野外拓展。

(4) 山地运动：如登山、攀岩。

(5) 峡谷运动：如漂流、溯溪。

4. 按参与者体能分类

(1) 技能类：如定向越野、攀岩。

(2) 体能类：如越野跑、野外穿越。

5. 按与自然联系紧密度分类

(1) 自然类：纯自然环境下的活动。

(2) 半自然类：使用现代工具的户外运动，如山地自行车、轮滑。

(三) 山地户外体育旅游的特性解析

1. 人与自然和谐共生

山地户外体育旅游活动遵循自然规律与环保理念，参与者须掌握必备技能、携带适宜装备并顺应自然条件，环境因素对活动起决定作用。

2. 个人意志与团队精神并重

单人活动彰显个人意志与能力，团队活动培养协作精神与互助品质，参与者的情感体验深刻且持久。

3. 挑战与风险共存

自然环境的未知性与危险性赋予活动探险色彩，挑战性受场所危险度、参与者体能技巧及个性特征的影响。因此，须正确认识风险，在追求冒险与自我挑战的同时必须保障安全。

4. 知识与技能的多元化要求

参与者须掌握地理、气象、营养等多学科知识及户外生存技能，以应对各种突发状况，保证活动顺利进行。

5. 体能、技术与技能的综合考验

竞技型活动对体能要求全面而严格，一般的山地户外体育旅游也要求参与者掌握特定技术与技能，如路线风险评估、营地搭建、野外烹饪等。

三、山地户外体育旅游的发展状况

山地户外体育旅游市场实质上涵盖了所有与山地户外活动相关的商品交易和服务交换活动，涉及商品生产者、销售者、服务提供商与消费者等多元主体。市场的发展状态直接反映了山地户外体育旅游行业的成熟度与活力。

（一）山地户外体育旅游市场发展的环境背景

1. 社会经济环境

随着社会进步与经济腾飞，我国国民的生活水平显著提升，休闲运动成为大众追求生活质量的重要组成部分。人们不再满足于单一的观光旅游，而是倾向于集娱乐、体验与文化交流于一体的综合性休闲活动。在此背景下，山地户外体育旅游凭借其独特的文化价值和对参与者特有的身心益处，日益受到青睐。

2. 自然地理环境

我国地理条件优越，山川湖海资源丰富，为山地户外体育旅游提供了得天独厚的自然基础。多样化的地形与气候条件不仅增加了活动的多样性，也吸引了更多追求自然探险的旅游爱好者。

3. 交通运输环境

经济增长带动了交通基础设施的完善，公路、铁路、航空网络的扩展极大地便利了人们的出行。高速铁路的普及更是缩短了城市间的距离，使得前往偏远山地地区进行户外活动成为可能。交通的便捷性成为推动山地户外体育旅游市场发展的重要动力。

（二）全球山地户外体育旅游市场概览

1. 欧洲山地户外体育旅游用品市场

欧洲山地户外体育旅游市场的繁荣与地理气候条件及工业化、城市化进程密切相关。城市居民对回归自然的渴望推动了户外用品行业的发展。比如，斯堪的纳维亚品牌凭借清新健康的形象与鲜明的文化标签，广受欢迎。英国、奥地利、德国、瑞士等地的户外用品市场各具特色，品牌建设专业而独特。意大利在鞋类产品专业性上表现突出；西班牙市场则以本土品牌为主导，兼有法国、意大利品牌参与。

自由贸易与全球化趋势下，欧洲户外用品生产逐渐向成本更低的国家转移，如罗马尼亚、波罗的海国家及亚洲地区，形成了全球供应链。

2. 美国户外用品市场

美国户外用品市场形态多样，包括狩猎用品店、户外用品店、体育用品店等。其中，“Bass Pro”作为知名连锁狩猎用品店，提供从火柴到汽车的全方位户外商品，店面装修精美，营造出浓厚的户外氛围。“Sports Authority”则是美国大规模的体育用品连锁店，覆盖范围广泛，商品种类齐全，满足了不同户外运动爱好者的需求。

（三）我国山地户外体育旅游市场的发展概览与挑战

1. 我国山地户外体育旅游的总体发展趋势

近年来，得益于政策扶持与社会经济的持续增长，我国山地户外体育旅游市场呈现快速扩张态势，有力推动了户外旅游产业的整体发展。城市化进程的加快，催生了年轻一代对户外休闲活动的高涨热情，成为驱动市场成长的关键力量。庞大的消费群体与丰富的自然景观资源为山地户外体育旅游市场的蓬勃发展奠定了坚实基础。尽管户外旅游用品市场在体育用品领域的份额尚小，但其潜力巨大，预示着未来市场的广阔前景。

2. 我国山地户外体育旅游市场形态与分类

（1）户外用品企业。20 世纪 80 年代末至 90 年代初，我国户外旅游产品逐渐兴起。伴随户外旅游的普及，户外用品行业步入规模化发展阶段。然而，与国际领先品牌相比，国内企业在技术研发、品牌建设等方面仍有较大差距，市场发育程度与规模亟待提升。

（2）户外用品店。近年来，户外用品店数量显著增长，从一线城市向周边区域扩散。除专业门店外，大型商场也开设户外专区，为消费者提供便捷购物体验。户外用品店的经营模式多样，包括专卖店、多品牌集合店、批发市场、网络商城等，其中“专卖店＋俱乐部”模式表现出色。

（3）户外俱乐部。我国现有上千家户外俱乐部，涵盖企业法人、非营利组织、线上社群及校企社团等形式。多数俱乐部推行会员制，服务质量参差不齐，专业性提升成为迫切需求。

（4）户外运动赛事。攀岩、山地户外运动及拓展训练等项目赛事丰富，高山探险活动层次分明，包括山峰高度与活动目的等多种分类。赛事层级多元化，涵盖国际级、国家级及不同年龄段的比赛，为市场注入活力。

（5）户外旅游培训。安全是户外旅游的首要考量，专业培训需求凸显。当前培训机会稀缺，专业性与覆盖面不足，制约了户外活动的安全性与普及度。官方与民间机构虽提供培训，但高费用与地点限制在一定程度上影响了大众参与。

3. 山地户外体育旅游市场面临的挑战

（1）市场规模偏小。尽管我国经济总量庞大，但户外市场规模相对较小。

（2）产品种类与质量有待提升。产品同质化严重，创新与深度开发不足，品种与品质亟待优化。

（3）专业人才短缺。缺乏专业人才，尤其是合格的专职教练，人才培养与培训体系亟须加强。

（4）俱乐部管理规范性不足。部分俱乐部在运营与管理上存在不规范现象，自律不足，如服务与器材捆绑销售。

（四）山地户外体育旅游市场的发展策略

1. 扩大活动规模与影响力

产业发达与否的显著标志在于能否提供满足市场需求的多样化产品。鉴于当前我国户外旅游产业以用品销售为主导的现状，有必要进行结构性调整。应着重发展户外活动与赛事，丰富活动类型，增设入门级或基础级别赛事，同时打造一至两项具有品牌效应的标志性赛事。

在增加活动与赛事数量的同时，重点应放在提升单个活动的价值上。强化活动的组织性，集中人力、财力等资源于大型活动或知名品牌赛事，以增强其社会影响力，实现赛事价值的最大化。

2. 深度开发无形资产

无形资产开发应聚焦于电视转播权与广告赞助。借助国家政策支持，力求在电视转播权或广告开发方面取得突破。虽然实现这一目标颇具挑战性，但只要构建起有影响力的赛事，或培养出国际上成绩突出的优秀运动员，将极大吸引电视转播与赞助商的兴趣。

3. 提升从业人员素质与能力

市场能否健康有序发展，关键在于从业人员的综合素质。因此，强化人员素质与技能培训，特别是提升从业人员的市场开发与业务能力至关重要。同时，可从其他行业引入高水平市场运营专家，以期在产品质量、服务水平与市场拓展上实现质的飞跃。

4. 整合市场资源，推动户外俱乐部壮大

在户外市场发展中，户外俱乐部扮演着核心角色。随着健康意识、安全需求的提升以及户外运动的普及，活动品质与安全保障成为公众关注焦点，这将促使户外俱乐部的市场份额进一步扩大。此外，提供专业、特色化的个性化服务是户外俱乐部吸引客户的关键。应积极整合资源，拓展规模与业务范围，为消费者提供更优质的服务，从而增强赢利能力与市场竞争力。

四、我国山地户外体育旅游的登山资源整合与运用

（一）登山运动简介

登山运动自1786年发端以来，历经岁月沉淀，已成为深受广大青年喜爱的户外探险活动。登山运动可大致分为三类，即普通登山、竞技登山与高山探险，每一类别下又细分多种类型，可满足不同参与者的需求与偏好。

登山装备的选择与使用技巧同等重要。即便装备齐全，若缺乏相应的操作技能，其效用也将大打折扣。理想的登山装备应具备实用性、轻量化、耐用性与多功能性，确保在复杂多变的自然环境中为登山者提供必要的保护与支持。

核心装备与用品包括：①服饰。选择色彩鲜明、保暖透气的衣物以便于吸热与辨识。遵循多层穿衣法则，搭配雨具、帽子及手套，以应对多变天气。②鞋子。针对不同登山环境，选用专业登山鞋或运动鞋，确保舒适与稳定。③背包。在背包中装载必需品，要做到重量分布均衡，贴合背负，便于行进。在选购时依据行程需求灵活选择。④日用装备。日用装备涵盖起居、卫生、医疗、导航、照明、摄影等多功能工具，确保长途跋涉无忧。⑤冰镐与冰爪。冰镐与冰爪是雪地攀登必备的，要注重锋利度、强度与握持舒适度，选择八爪及以上冰爪，以适应复杂地形。⑥帐篷。帐篷应具备良好排水、防雨与居住性能，形式与尺寸可根据登山目标、季节、人数等因素灵活选择。⑦登山寝具。睡袋应注重保暖，睡垫要注重提升舒适度，两者相互协同，共同打造温暖安眠环境。⑧炊事用具。短期登山须携带即食食品；长途行程则须配备炉具与锅具，兼顾烹饪与取暖功能。

（二）攀岩运动概览

攀岩运动历经数十年发展，如今已成为备受瞩目且日益流行的极限体育项目。依据攀岩特性的不同，可将其分类为难度攀岩、速度攀岩与室内攀岩；依据攀登方式的不同，可将其分为器械攀登与自由攀登。

在投身这项充满挑战的运动前，攀岩者须精心准备个人装备与技术装备，以确保安全与效率。个人装备涵盖服装、攀岩鞋与头盔，其中：①服装应具备防风、透气与保暖特性，适应多变的户外环境；②攀岩鞋须贴合脚型，提供稳固抓地力；③头盔则为头部提供必要保护。技术装备是攀岩安全与技巧展现的关键，包括：①主绳，经国际攀岩联合会认证，用于保护攀岩者免受坠落伤

害；②绳套，可选机械缝制或手工打结，用于连接攀岩者与固定点；③安全带，提供舒适安全的固定功能，有可调节与不可调节两种类型，须定期检查与更换；④保护器，如"8字环"、管状保护器及自动保护器，可减轻操作者所需握力，提升安全性；⑤上升器，用于协助攀岩者在绳索上上升；⑥岩锥，在岩石缝隙中可提供额外的锚点。

攀岩运动的兴起不仅促进了相关装备的创新与发展，也吸引了越来越多追求刺激与挑战的爱好者的加入，共同推动这项运动向更专业、更安全的方向前进。随着攀岩运动在全球范围内的普及，它已成为连接自然与人类精神追求的桥梁，激励着人们探索未知、超越自我。

（三）洞穴探险运动概览

旅游洞穴作为大自然鬼斧神工的杰作，由天然地下空间构成，其中两个或多个相连通道形成的洞穴系统尤为壮观。洞穴结构包括洞腔与围岩两部分，是地质历史的见证。旅游洞穴在开发后成为吸引游客的独特景点，依据其特性与用途，可从多个维度进行分类。

按岩性分类，旅游洞穴主要分为碳酸盐岩类与非碳酸盐岩类。前者占比超过90%；后者包括冰洞、火成岩洞、丹霞洞等，虽数量稀少，但各具特色。从旅游角度出发，洞穴可按水文特征分为水洞、旱洞及水旱混合型，按地位等级分为世界级、国家级、省级和县级，按与客源地距离分为远程、中程和近程，按市场类型分为自立型、借立型、混合型，按经济收益分为上等、中等和下等，按功能分为观光型、探险型、文化类、科考类及其他。

洞穴探险装备是确保探险安全与顺利进行的关键，主要包括：①服装。选择耐磨、保暖、紧身且色彩鲜明的探洞服，以保护关节部位免受伤害。②头盔。头盔是必备防护装备，可有效防止头部受伤。③探洞鞋。推荐高帮厚底靴，可提供脚踝支撑，应对复杂地形。④照明灯具。应携带至少三个独立照明灯具，确保光线充足。电石灯与电灯为常用光源，LED灯则有节能高效的优势。⑤指南针与倾斜仪。其主要用于方位判断与坡度测量，要求全密封、防震、防摩擦。⑥测尺。主要用于洞穴测量，须耐磨、轻便，长度通常为30米或50米。⑦扁带与绳索。扁带用于单绳装备中间锚点。绳索是"生命线"，推荐静力尼龙绳，韧性高、伸展性低。⑧绳索相关设备。主要包括胯带、胸带、上升器、下降器、扣环等，用于辅助绳索操作。⑨牛尾绳与桶包。牛尾绳连接环扣与胯带，用于过锚点；桶包用于收纳绳索与其他装备。⑩食品与水。须携带无需烹饪、高热量、易消化的食品，如巧克力、干果、压缩饼干，以及充足的饮用水。⑪急救包。包含基本药物与急救用品，如感冒药、止泻药、创可贴、酒精、止痛片、绷带、胶布等。⑫辅助工具。如防水火柴、多功能瑞士军刀、针线包、饭盒等，以应对紧急情况与日常需求。

洞穴探险不仅是一场对未知世界的探索，也是对个人勇气与智慧的考验。通过精心准备与专业装备，探险者能在保障安全的前提下领略洞穴的奇妙景观，体验与自然亲密接触的震撼之旅。随着洞穴探险活动的普及，它正逐渐成为连接人与自然、激发科学兴趣与探险精神的重要桥梁。

第二节　滨海体育旅游的发展及资源整合

我国幅员辽阔，自然馈赠丰富，不仅坐拥雄伟的山脉，还享有丰富的海洋资源，构成了宝贵的滨海景观。东部与东南沿海地带，星罗棋布的滨海城市构成了我国独具魅力的体育旅游资源库。滨海体育旅游作为体育旅游与休闲度假领域的高端分支，是在我国经济、社会与文化不断发展的背景下兴起的新兴产业形态。

推进滨海体育旅游的核心目标在于促进体育与旅游产业的深度融合与协同发展。通过破除阻碍滨海体育旅游发展的壁垒，助力地方政府与行业内部挖掘潜力，加速体育旅游产业尤其是滨海体育旅游产业的健康发展，进而满足公众持续增长的对体育旅游活动的多元化、个性化需求。这不仅关乎体育旅游事业的繁荣，更与提升国民生活质量、促进地方经济社会全面发展息息相关。

一、滨海体育旅游的理论基础

（一）滨海体育旅游概念的深度透视

海洋这片蔚蓝的领域，不仅是生命的摇篮，更是人类文化和想象力的源泉。覆盖地球71%的广阔水域，以其浩渺壮阔、千变万化、深邃神秘，激发了人类对自然界的敬畏与探索，成为力量与智慧的象征。

1. 海洋体育：自然与运动的交响乐章

海洋体育是体育的一种独特形式，立足于海洋资源的丰富多样性，从海水、海湾到海岛、沙滩乃至滩涂，每一处都是运动的舞台。通过亲身体验，人们得以深刻感受海洋环境带来的刺激与挑战。无论是竞技的激烈、休闲的恬静，还是健身的愉悦、娱乐的欢快，海洋体育都能满足。其核心在于身心的修复、乐趣的释放、健康的增进和闲暇时光的充实享受。

从本质上看，海洋体育是人与海洋互动的生动写照，在体育活动中展现人与自然的和谐共处。可在海面上乘风破浪，也可在海底探秘寻幽，还可在海滩上激情碰撞。海洋体育的边界广阔无垠，涵盖了潜水、冲浪、帆船、滑水、游泳、沙滩排球等众多项目，为滨海体育旅游的兴起铺平了道路。

2. 海洋体育文化：精神的富矿与生活的方式

在海洋体育的实践中孕育出的海洋体育文化是人类精神世界的一笔宝贵财富。它不仅囊括了体育的价值观、理念、思想与意识，还塑造了一种崇尚力量、自由的生活态度。这种文化强调个体的觉醒、竞争的勇气和探索的精神，展现出开放包容、敢于冒险、追求卓越的独特气质。

3. 滨海体育旅游：新兴产业的璀璨明珠

滨海体育旅游作为一种新兴的产业形态，深深植根于我国独特的经济、社会与文化土壤。它集合了体育旅游与休闲度假的精华，成为一个集观赏性、参与性与体验性于一体的高端旅游产品。得益于我国丰富的滨海资源，滨海体育旅游为海洋经济与文化发展注入了新的活力，同时也成为战略规划中的重要一环。

近年来，我国滨海体育旅游蓬勃发展，诸如游泳、冲浪、潜水、帆船等一系列水上运动迅速普及，吸引了众多游客的目光，展现了滨海体育旅游的巨大潜力与市场前景。

（二）滨海体育旅游的深远价值

1. 产业链的联动效应

滨海体育旅游作为高端产业链的一部分，其发展呈现出明显的集聚效应，对周边的酒店、餐饮、交通等相关产业产生积极的带动作用，形成了一条完整的体育旅游生态链。

2. 就业市场的催化剂

作为服务业的代表，滨海体育旅游对就业的贡献不容小觑。它特别需要大量的营销策划与管理专业人才，为高技能劳动力创造了广阔的就业空间。

3. 城市形象的塑造者

滨海体育旅游对于提升城市知名度和品牌影响力具有重要作用。正如巴黎、威尼斯等城市以其独特魅力吸引全球游客一样，滨海体育旅游胜地如夏威夷、迪拜、马尔代夫等，也因体育旅游而声名鹊起，成为人们心中的理想度假目的地。

二、我国滨海体育旅游的发展状况

（一）我国滨海体育旅游发展概览

1. 整体发展概况

我国坐拥辽阔的海域与绵延的海岸线，兼备多样的气候带与壮观的自然景观，这得天独厚的条件为滨海体育旅游的蓬勃发展提供了坚实的基础。近年来，海洋旅游的开发呈现积极态势，国家级旅游度假区多选址于迷人的海洋风景区域。尽管滨海体育旅游尚处于起步阶段，但其核心组成部分——海洋体育活动，如高尔夫球、潜水等，已在各大海洋度假区崭露头角。

2. 部分地区发展亮点

（1）海南：海洋体育旅游的领航者。海南作为我国海洋面积最大的省份，凭借其独特的地理位置与丰富的海洋资源，成为海洋体育旅游的佼佼者。政府对海洋体育旅游的大力支持，加上国际公路自行车赛、环岛大帆船赛等重大赛事的举办，极大地提升了海南在滨海体育旅游领域的影响力。

（2）青岛：海洋体育的璀璨明珠。青岛这座位于黄海之滨的城市，以其广阔的海域与优质的近岸水域，展现了海洋体育的无限魅力。拥有我国最大海滨浴场的青岛，结合极地海洋世界、海上观光等项目，推动了城市旅游的繁荣。此外，游艇、游钓等海洋体育活动的兴起，以及与周边滨海城市的协同效应，使得青岛在国内外游客中的吸引力日益增强。

（3）厦门：海洋体育的独特风采。厦门凭借其丰富的海湾、沙滩资源与发达的体育产业基础，成为海洋体育旅游的一颗璀璨明星。厦门国际马拉松赛、海峡两岸自行车比赛等赛事的举办，有效提升了厦门体育旅游的知名度。此外，厦门的优质沙滩与海岸条件，为沙滩排球、海泳、帆船等多种运动的开展提供了理想场所。

（4）浙江：海洋体育的潜力巨擘。浙江作为海洋资源丰富的省份，海岸线长度位居全国之首，海岛与滩涂资源丰富，为海洋体育旅游的多元化发展提供了广阔空间。舟山海钓大赛、象山海洋户外拓展运动等特色项目展现了浙江在海洋体育旅游领域的独特魅力。未来，浙江将致力于打造海钓、帆船、沙滩排球等国际品牌赛事，同时大力发展海洋体育度假区，以期实现体育产业与旅游业态的深度融合。

（二）我国滨海体育旅游发展的限制要素

1. 自然条件的挑战

我国滨海体育旅游的发展受到气候与水质等自然条件的显著影响。海水质量参差不齐与漫长的冬季成为多数沿海城市面临的共同难题。仅有三亚、海口等少数城市能够全年无阻地开展海洋体育活动。厦门、深圳等地的海水质量有待提升，青岛、大连、烟台等北方滨海城市因冬季寒冷而受限。此外，浙江舟山、宁波的近海水质浑浊，且缺乏优质沙滩，导致了近城海岛水质不佳、远城岛屿资源丰富但难以充分利用的矛盾局面。

2. 教育的缺失

学校体育教育中海洋体育项目匮乏，导致公众对这类活动的认知有限。我国学生较少有机会接触潜水、冲浪、沙滩排球等项目，进而影响了滨海体育旅游的市场需求。

3. 市场机制的不成熟

我国海洋体育旅游的产业化进程缓慢，市场体系尚未成形。相较于国际上的海洋体育旅游强国，我国在此领域的产业规模小、市场体系不健全，有效需求不足。国内城市发展规划中关于海洋体育的专项计划与优惠政策较少，产业布局不合理、企业规模小、地区发展不平衡等瓶颈亟待突破，以提升市场活力与国际竞争力。

（三）我国滨海体育旅游的发展原则

在我国滨海体育旅游的探索与实践中，须立足国情，汲取国际先进经验，明确发展方向，确保路径的科学性和实效性。为此，确立以下四大原则。

1. 差异化与聚焦原则

（1）优势识别与整合。深入了解并充分利用我国滨海地区的自然禀赋、区位优势及品牌价值等，形成独特竞争优势。

（2）特色与质量并重。聚焦特色项目，强调品质与效益，确保滨海体育旅游的长期可持续发展。

2. 跨界融合原则

（1）文化与旅游的协同。深度融合海洋体育、海洋文化与滨海旅游，创新产业内容，构建多元合作机制，激发产业链联动效应。

（2）经济结构优化。促进体育、文化、旅游等产业协同发展，助力经济结构转型与产业升级。

3. 生态文明原则

（1）绿色导向。坚持生态优先，倡导绿色低碳的海洋运动休闲方式，将体育活动融入城市绿化与生态保护，营造宜居宜游的生态环境。

（2）公众参与和健康促进。引导公众树立环保意识，鼓励全民参与体育锻炼，促进国民身心健康，培养国民高雅生活情趣。

4. 科教人才驱动原则

（1）资源配置优化。强化海洋体育领域的科技创新、教育培养和人才队伍建设，优化资源配置，提升行业整体竞争力。

（2）成果转化与产业化。加大科研投入，促进海洋体育旅游项目的研发、引进、培育与应用转化，推动产业向专业化、规模化、生态友好型和效益型方向迈进。

（四）我国滨海体育旅游的发展战略与内容深化

1. 发展海洋体育产业的路径

（1）海洋体育品牌赛事的培育与拓展。以海洋运动休闲与体育赛事为引领，促进海洋体育用品制造业、体育中介业等关联业态的协同发展。优先发展群众喜闻乐见的体育休闲项目，逐步引入新兴的海洋户外拓展活动，确保产业稳健成长。加大市场开发力度，借鉴国际经验，打造具有国际影响力的海洋体育品牌赛事。

（2）海洋体育产业基地的构建。依据体育产业结构升级需求，结合项目、类型、区域特征进行科学布局。鼓励地方政府、企业、俱乐部与体育协会共建各类海洋体育项目基地，遵循《国家体育产业基地管理办法》，规范建设流程，提升基地的扶持、管理和考核效能。

（3）海洋体育旅游产品的整合与开发。发挥体育产业的综合拉动作用，聚焦海洋体育用品开发，带动相关产业链协同发展，设计推出特色鲜明的体育旅游线路，形成具有国际竞争力的海洋运动休闲产品。

（4）提升海洋体育服务水平与管理效能。强化海洋体育项目运营与发展的服务与管理水平，通过人才培训、制度建设与品牌管理，推动海洋体育市场专业化运营，提升整体服务质量。

（5）海洋体育产业聚集区的形成。深化海洋体育产业与旅游、文化、农林、水利、航空、海事等部门的联动，建立全国性的海洋体育产业聚集区，促进产业深度融合，为体育产业的全面发展提供强大动力。

2. 推进海洋体育赛事的策略

（1）赛事资源网络体系的构建。建立健全海洋体育赛事的组织与制度网络，涵盖体育部门竞赛体系与服务平台，形成赛事资源的有效整合与管理。

（2）海洋体育赛事的培育与开发。政府支持下，吸引国际重大赛事落户，利用好既有资源与群众基础，推动海洋体育赛事的商业化与职业化，促进滨海体育旅游赛事的蓬勃发展。

（3）办赛模式的创新与优化。引入市场化机制，拓展与体育竞赛表演业相关行业的合作，打造赛事品牌效应，加强与大型赛事、会展的互动，提升滨海体育旅游竞赛表演的市场影响力。

3. 扶持海洋群众体育的举措

（1）海洋浴场的开发与管理。沿海城市须科学规划公共海滨浴场的开发与管理，建立安全泳区与救护标准，加强从业人员培训，确保水质监测与应急准备，提升游客安全感与满意度。

（2）沙滩与滩涂运动的推广。充分利用沙滩与滩涂资源，开发多样化的运动休闲项目，如沙滩排球、足球、手球、拔河、摔跤等，满足不同人群的健身娱乐需求。

（3）海岛资源与健身路径的整合。海岛资源的开发应结合健身路径建设，如沿海步道、自行车道等，同时提升健身服务，激发社会力量参与，以满足多元健身需求，增强群众参与度。

（4）海岛传统体育活动的传承。结合海岛文化节庆活动，如妈祖体育文化节、舟山船拳与舞龙舞狮节，传承与发扬海岛传统体育活动，推动全民健身在海岛地区的普及。

4. 海洋体育人才培养体系的构建

（1）专业人才的培养与储备。依托高等院校教育资源，培养海洋体育与休闲体育专业人才，强化职业培训，提升行业整体素质。

（2）人才培养基地的建设。建立海洋体育科学研究、人才培养与教学实践基地，加强与国内外高校及培训机构的合作，共同培养紧缺的海洋运动人才。

（3）海洋体育文化的弘扬。举办体育旅游与海洋体育相关赛事、会议，加强与国际海洋体育强国的交流，研究海洋体育价值与行为，借鉴国际经验，普及海洋体育知识，形成全社会共同关注和参与的良好氛围。

三、我国滨海体育旅游的典型资源整合

（一）潜水旅游：探索水下世界的艺术

1. 潜水运动概览

潜水作为一项集探险、健身、休闲于一体的滨海体育活动，最初源于水下作业的需求，如水下勘察、打捞、维修等。随着时代变迁，潜水已成为人们亲近海洋、体验水下奇妙世界的方式。这一运动大致分为两大类别：①浮潜。浮潜包括水面漂浮与屏息潜水，前者仅在水面活动，后者则短暂潜入水下。②给气潜水。潜水员在水下通过外部供气系统呼吸，分为自携式（佩戴氧气瓶）与供气式（通过输气管从水面供气）。

2. 潜水装备全解析

潜水之旅的安全与舒适离不开一系列专业装备的支持：①呼吸管。用于水下呼吸。②潜水服。可保持体温，确保潜水安全。③面镜。可保护眼睛与鼻腔免受海水侵扰。④蛙鞋。可提高水下移动效率。⑤气瓶。可提供水下呼吸所需的空气。⑥潜水仪表。可监测深度、压力等重要参数。⑦浮力调整器（BC）。可控制潜水员的浮沉状态。⑧空气压力调节器。可调节气瓶输出的压力。⑨配重与配重带。可平衡潜水员的浮力。

此外，专业潜水者还需配备摄影、摄像设备进行水下记录，以及潜水刀、潜水电脑、水下电筒等辅助工具，以确保水下探索的安全与便捷。

3. 潜水技巧与安全指南

（1）准备工作。熟悉呼吸管与调节器操作，掌握水面休息技巧及应急处理技巧，细致检查装备功能，确保万无一失。

（2）入水姿势。正面直立跳水适用于水深超过 1.5 米时；背向坐姿入水则需面向船边坐下，后仰入水。

（3）潜降与上升。利用浮力调整器与配重控制下降，上升时速度应不超过 18 米/分钟，以防减压病。

(4) 健康考量。感冒、耳鼻疾病、心脏疾病、高血压、糖尿病和神经敏感症患者不宜潜水。

(二) 探索溪流之旅

1. 溪流探险简介

简而言之，溪流探险是一种逆流而上的自然探险活动。它从峡谷溪流的下游出发，逆流而上，克服地形上的重重困难，直至探寻到溪流的源头并攀登至山巅。这一活动不仅是对个人体能的挑战，更是对技巧与智慧的考验。从某种角度看，溪流探险融合了登山、攀岩、游泳、绳索操作、野外生存与定位等多项技能，每一项都充满了挑战与乐趣。溪流探险的方式多样，包括以地域研究为主的深入探索、自由随性的漫游、适合初学者的初级探险，以及全面的完整探险等。

2. 探险装备一览

(1) 技术装备。①主绳：长 9～11 米，防水设计，能够承受 2 000～3 000 千克的拉力，用于攀登。②安全带：为攀登者提供安全保障，通过铁锁与主绳相连。③铁锁：轻松连接各种绳索、安全带和攀登工具。④上升器：用于在攀登器械上实现上升。⑤下降器：辅助从高处安全下降至地面。⑥安全头盔：防止落石或跌倒时头部受伤。⑦水镜：保护攀登者的眼睛免受水流或阳光的伤害。

(2) 个人装备。①溯溪鞋：专为湿滑岩石设计，防滑性能优越。②护腿：防止昆虫叮咬。③防水衣物：须选择轻便、透气、易干的尼龙材质。④选择性装备：根据实际需要，携带保暖衣物、露营帐篷、炊具、食品等，注意保持装备轻便，避免过重。

(三) 水上韵律舞蹈之旅

作为水上健身运动的一部分，水上韵律舞蹈结合了特定的动作节奏，运用单一、复合和完整的水上健身动作，并与音乐的韵律相协调。目前，水上韵律舞蹈以其独特的健身效果、娱乐性、情操陶冶和身心锻炼等多重价值，受到广大爱好者的喜爱。

在水中进行的任何动作都会受到水的阻力，这种阻力为人体锻炼提供了陆地上无法比拟的效果。因此，水上韵律舞蹈在滨海体育旅游领域展现出巨大的发展潜力和蓬勃的生命力。

第三节 其他体育旅游的发展及资源整合

我国辽阔的土地上蕴藏着充沛的体育旅游资源，其形式之丰富、种类之繁多，令人叹为观止。从巍峨的山峦到浩瀚的海滨，从古朴的乡村到繁华的都市，体育旅游的足迹遍及四方，各具特色。除了耳熟能详的山地探险与滨海休闲，还有诸多别具一格的体育旅游形态，如民族传统体育体验、乡村田园的运动乐趣，以及融合现代科技与奢华享受的高端体育之旅。这些构成了我国体育旅游的多彩画卷，共同书写着活力四射的篇章。

一、民族传统体育旅游资源整合与发展

（一）民族传统体育旅游资源概览

1. 概念诠释

（1）民族传统体育：源远流长的体育文化瑰宝。自 20 世纪 80 年代初起，学术界开始聚焦于民族传统体育这一领域，追溯其历史，可见其深厚根基。可以这样定义：民族传统体育是指中国 56 个民族所传承的体育活动。这些活动不仅是民族文化的体现，更是人类体育史上的宝贵遗产。

（2）民族传统体育旅游：文化与旅游的交融。随着对民族体育文化的深入发掘与利用，民族传统体育旅游应运而生。这一新兴旅游模式的成功与否，关键在于能否有效利用和展现民族体育文化的丰富内涵及其潜在的市场价值。要深刻理解这一概念，可从不同维度进行剖析。

①广义视角。从宏观角度看，民族传统体育旅游涵盖了旅游者在旅行过程中参与的所有活动及相关要素。它包括两大部分：一是以身体锻炼、竞赛、休闲养生及文化互动为主的体育活动，二是旅游目的地、相关机构及社会环境的有机融合。这种旅游形式旨在通过体育活动促进文化交流，增进民族间的相互了解。

②狭义视角。若从微观层面解读，民族传统体育旅游的核心目标在于满足旅游者的多元化需求，通过举办各式各样的传统体育活动，挖掘和展现其独特的功能与价值，从而在促进旅游者身心健康的同时，丰富社会文化生活。这一活动形式强调的是通过体育的桥梁作用，达到人与人之间的和谐共处，以及个

体与社会的全面发展。

所以，民族传统体育旅游不仅是一种独特的旅游体验，更承载着文化传承与交流的重任，是推动民族团结与社会进步的重要力量。通过深度参与其中，旅游者不仅能享受运动的乐趣，还能增进对多元文化的理解和尊重，实现个人与社会的双重提升。

2. 民族传统体育旅游资源的分类探析

当前，关于民族传统体育旅游资源的分类尚无定论，分类方式纷繁多样，涉及地域、主题及文化架构等多个维度。下面尝试从民俗内容的角度出发，梳理民族传统体育旅游资源的几大类别，以期提供一个更加系统化的视角。

（1）生产劳动中的体育文化。生产劳动是人类生存与发展的基石，同样孕育了体育活动的萌芽。民族体育活动尤其是那些鲜明反映民族特性的项目，大多源自日常的劳动场景。在与自然的抗争和适应中，如高山峡谷中的民族，以农业作为主要生计方式，催生了攀岩、射箭等一系列与山地环境相适应的体育活动。这些活动不仅强身健体，也成了民族文化的载体。

（2）民族艺术中的体育表现。我国悠久的历史孕育了丰富多彩的民族艺术，其中体育与音乐的结合尤为引人注目。在原始社会，狩猎歌舞既是生存技能的展现，也是艺术创作的源泉。音乐作为民族体育娱乐不可或缺的部分，常在节日庆典中占据核心位置。比如，苗族的“芦笙会”、布依族的“麻坡歌节”、侗族的“赛芦笙与赶歌场”等。音乐与体育的融合不仅增添了节日的欢乐氛围，也深化了民族文化的内在联系。

（3）地理环境与民族传统体育旅游资源的共生关系。民族传统体育旅游资源的丰富性在很大程度上得益于其所依附的独特地理环境。以下是对这一类型资源的细分，揭示了不同自然条件下的体育文化风貌。

①山地民族的传统体育活动。中国地大物博，山川秀美，众多山地成为人们的家园，如雄伟的喜马拉雅山脉、昆仑山脉、横断山脉、天山山脉、唐古拉山脉和冈底斯山脉等。这些地区峡谷幽深，海拔高耸，为当地居民提供了得天独厚的登山探险资源。山地民族在与自然的亲密接触中发展出一系列与山地环境相适应的体育活动，如攀岩、徒步等，展现出与大自然和谐共存的生活哲学。

②草原民族的马背文化。辽阔的草原滋养了内蒙古、新疆、青海、西藏等地的民族，他们世代以游牧为生，被誉为“马背上的民族”。长期的游牧生活造就了他们勇敢坚韧、豪迈豁达的性格特质，几乎每个人都是骑术高手。在这

样的背景下，诞生了赛马、马球、马术等充满游牧民族风情的传统体育项目，不仅展现了人与马的深厚情谊，也体现了对自然环境的敬畏与利用。

③北国冰雪运动的魅力。东北地区冰天雪地，满族、达斡尔族、鄂伦春族、鄂温克族等民族在此环境下，为了适应严酷的生存条件，发明了冰鞋、爬犁、拖床等实用工具，同时催生了滑冰、滑雪等冰雪运动。早在古代，冰嬉就是一项流行的冰上活动，体现了古人对冰雪资源的智慧利用。如今，滑雪、滑冰已成为北方冬季最受欢迎的体育活动之一，不仅锻炼身体，更磨炼意志，成为北国冬季的一道亮丽风景线。

④南国水乡的水上竞技。南方水乡气候宜人，河流湖泊星罗棋布，水资源丰富，为当地的民族提供了与水亲密接触的机会。黎族、壮族、京族、傣族、白族、布依族、苗族、土家族、侗族、瑶族等民族在日常生活中充分利用水资源，他们擅长游泳、潜水等水上活动。龙舟竞渡作为最具代表性的水上运动，历史悠久，广受欢迎。其不仅是一项体育竞技，更是一种文化传承，体现了水乡民族对水的尊崇和热爱。

这些依附于特定地理环境的民族传统体育活动不仅丰富了我国体育旅游资源，而且成了民族文化的重要组成部分，彰显了人与自然和谐共生的理念。通过参与这些体育活动，能够体验到不同民族的风俗习惯，深刻感受到中华大地的自然之美和文化之魅。

3. 民族传统体育旅游资源的地域分布特性

（1）“大杂居”与“小聚居”的双重特性。“大杂居”的多元融合：我国作为一个多民族国家，各民族在广袤土地上形成了独特的“大杂居”格局，这一混合居住状态促使民族传统体育项目跨地域广泛传播。尽管地域差异较小，但各民族传统体育文化的交流与融合使得这些项目成为中华大地上一道绚丽的风景线。

“小聚居”的地方特色：与此同时，“小聚居”现象则凸显了民族传统体育项目在特定区域内的高度集中，每个地方的体育活动都深深烙印着当地的文化印记和地域特色，形成了一片片独具魅力的体育文化绿洲。

（2）经济欠发达地区的资源富集。在我国经济相对落后的地区，虽然由于地理、历史等多重因素的制约，经济基础较为薄弱，社会进步步伐相对较慢，但是民族传统体育资源却异常丰富。在面临基础设施落后、产业基础薄弱、人力资源开发不足等挑战的情况下，这些地区仍坚守着珍贵的文化遗产，其中就包括了丰富多彩的民族传统体育活动。

(3) 民族文化的交融与共享。我国各民族长期的“混居”状态促进了不同文化之间的交流与融合，民族传统体育项目也因此具备了鲜明的交融性特征。许多体育活动起初可能仅限于某一个或某几个民族，但在历史的长河中，通过不断的民族互动与文化交融，逐渐演变为中华民族共同的文化财富。龙舟竞渡便是这样一个生动的例子，从最初的形态各异到如今在全国范围内统一的规则与形式，展现了民族传统体育跨越时空的持久魅力。

(4) 地域环境与体育文化的共生。地理生态环境是塑造民族传统体育项目的重要因素。各民族在特定的自然环境中繁衍生息，形成了与之相适应的生产方式和社会风俗，这些都深深影响着民族传统体育活动的形态与内容。一方面，经济基础决定了体育活动的形式与规模；另一方面，体育活动又反哺于社会文化，成为反映地方特色与民族精神的重要载体。例如，高山民族的攀岩、射箭，草原民族的赛马、摔跤，这都是与各自生存环境紧密相连的体育活动，它们不仅锻炼了人们的体魄，更承载着民族的记忆与荣耀。

(二) 民族传统体育旅游资源的开发策略

1. 开发的重要性与必要性

民族传统体育旅游资源的开发不仅能够极大地丰富旅游市场的多样性，加速民族地区经济的发展，还能促进文化交流，增强民族认同感。通过科学合理开发，可以有效传播科学文化知识，加速思想解放，推动民族经济的繁荣。

2. 开发步骤与基本原则

在推进民族传统体育旅游资源开发时，须遵循一系列基本原则，包括资源与环境的和谐共生、体验与观赏的平衡、经济效益与文化保护的兼顾、多样性和整体规划的统一等。

具体开发步骤主要包括：

①全面调查与评估。先要对资源的种类、数量、分布、特色进行详细调查，分析其开发潜力与价值，形成资源评估报告。

②可行性论证。深入探讨开发后的经济、社会、环境影响，确保技术可行，符合可持续发展目标。

③战略规划。明确开发内容、规模、市场定位、运营机制、营销策略，构建开发蓝图。

④方案制定与实施。提交总体方案至相关部门审批，待批准后细化实施方案，确保开发工作有序进行。

3. 开发路径与模式

为有效推进民族传统体育旅游资源开发，应采用以下路径。

（1）原生态开发。依托民族地区自然地理优势和人文特色，保护并弘扬原生态体育文化，通过市场化运作实现“体育＋旅游”的融合发展，促进特色经济的繁荣。

（2）主题公园与民俗村结合。在异地建设民族民俗村，举办节日盛会，构建现代主题公园旅游模式，满足大众对多元化、高层次文化体验的需求。

（3）村寨结合模式。将旅游村寨与民族体育文化有机结合，设计特色鲜明的民族体育旅游线路，满足游客亲近自然、体验民俗的愿望，同时避免过度商业化，保持乡村原貌与特色。

（4）节庆融合路径。利用民族节日组织体育竞技比赛和表演，将体育与文化、旅游深度融合，打造精品旅游项目，吸引游客，弘扬民族文化。

（三）民族传统体育旅游的特色资源整合案例

1. 毛莱球运动

（1）运动背景与历史。毛莱球又称木头球，是瑶族流传久远的一项传统体育活动，承载着深厚的民族文化和历史记忆。这项运动的场地选择灵活，开阔的平地、收割后的稻田、河岸沙滩或山坡草地皆可作为比赛场地，且所需的球与木棍等器具均能因地制宜，取自自然，极大地方便了运动的普及与开展。

（2）运动的推广价值。毛莱球运动凭借其对场地、器材的低要求以及良好的健身效果，展现出极高的推广潜力。它不仅能够增强体质，还能促进团队协作与文化交流，是值得推广的民族传统体育项目。

（3）毛莱球运动的技术要点。基本姿势详解：在进行毛莱球运动时，参与者须采用稳定的站姿，双脚分开，宽度略大于肩宽，一只脚稍前于另一只，双膝微曲，腰部自然弯曲，使身体重心平稳地落在双脚之间。这样的姿势有利于运动员在比赛中灵活移动，同时保证击球时的力量与准确度。

毛莱球运动不仅体现了瑶族人民与自然和谐共处的生活智慧，也展现了传统体育活动在现代社会中的活力与价值。通过旅游整合，毛莱球运动能够成为连接游客与瑶族文化的桥梁，让游客在体验运动乐趣的同时，深入了解和感受瑶族的传统文化与生活方式，进而推动民族传统体育旅游的发展。

2. 查拳：传统武术的瑰宝

（1）历史渊源与传播。查拳作为中国传统武术中的杰出代表，源远流长，其影响力逐渐辐射至全国乃至海外，成为武术爱好者心中的经典。

（2）发源地与传承。鲁西冠县被尊称为“查拳之乡”，这里孕育了查拳的起源与发展。清代雍正年间，“飞腿”沙亮成为查拳早期的杰出代表人物，他的技艺与贡献至今仍被后世铭记。

（3）拳法特色。查拳隶属于长拳类，其动作设计精妙，包含了蹿蹦跳跃、闪展腾挪、起伏转折等一系列动态元素，彰显了长拳类拳种共有的肢体舒展流畅、动作敏捷灵巧、动静对比强烈、节奏感明显等风格，整体表现出优雅洒脱、变幻莫测、刚柔并济的美学特征。

查拳不仅是一种身体锻炼的手段，更蕴含了丰富的历史文化内涵，体现了中国武术的精髓与智慧。通过学习与实践查拳，人们不仅能强身健体，还能深入了解传统文化，感悟其中蕴含的哲学思想与人生智慧。

3. 跳竹竿运动

（1）文化背景与起源。跳竹竿亦称竹竿舞，源自黎族古老的传统祭祀仪式，深深根植于海南岛独特的乡土文化之中，承载着深厚的历史与民俗价值。

（2）表演形式与多样性。竹竿舞以其丰富的表现形式著称，涵盖了单人舞、双人配合及集体演绎等多种形式，展现了极高的艺术性和观赏性。

（3）核心动作与技巧。舞者须掌握一系列基本步伐，包括但不限于单腿跳跃、双腿同步跃起、分腿跳以及翻滚等，动作间穿插模仿日常生活场景，如磨刀、筛米、穿越门户、模仿鹿跃等，赋予舞蹈生动形象的表现力。

（4）艺术特色与要求。竹竿舞以其敏捷流畅、优雅舒展、节奏鲜明的风格著称，兼具趣味性与艺术性，要求舞者具备良好的舞蹈技巧与身体协调性，展现出黎族文化的独特魅力与生命力。

跳竹竿不仅是黎族人民的传统习俗，更是一门集体育、舞蹈与文化传承于一体的综合性艺术形式。通过代代相传，不仅保存了黎族的传统文化，也为外界提供了了解海南岛独特风情的窗口。

二、乡村体育旅游资源整合与发展

（一）体育旅游与乡村发展的协同效应

1. 体育旅游赛事赋能乡村旅游

体育旅游赛事作为乡村发展的重要推手，为乡村体育旅游目的地提供了一个全面展示自身风采的平台，有助于促进目的地的整体建设，促进目的地人力、物力资源的有效整合与利用，吸引更多游客的目光，显著提高目的地的知名度。

构建良好的乡村体育旅游目的地形象是推动乡村体育旅游可持续发展的关键，体育旅游赛事在这一过程中扮演着至关重要的角色。体育旅游赛事能够通过赛事形象的传播，助力乡村体育旅游目的地形象的建立与传播，为乡村发展注入新的活力。在观赛体验中，乡村旅游目的地的环境质量、服务水平等细节能直接影响游客的满意度与口碑传播，从而对目的地形象产生长远影响。近年来，乡村旅游的蓬勃发展促使许多地区将体育旅游赛事视为增添特色、提升吸引力的有效途径。然而，设计不当、资源浪费以及未能充分挖掘地方特色等问题，往往会导致赛事影响力有限，未能达到预期的美誉度提升效果。这是当前亟待解决的问题。

2. 体育旅游活动助力乡村经济振兴

（1）体育旅游活动对乡村经济的积极作用。①促进农民增收。体育旅游活动为当地农民提供了创收新途径，通过参与赛事服务、农产品销售、民宿经营等方式，直接增加了农民的经济收入，提高了生活水平。②激发乡村经济增长活力。体育旅游活动的举办吸引了大量游客，刺激了乡村地区的餐饮、住宿、交通等相关行业的发展，创造了新的就业机会，有效拉动了乡村经济的增长。③优化产业结构布局。体育旅游活动促进了乡村一二三产业的融合发展，尤其是推动了服务业的兴起，有助于乡村经济结构的优化升级，减少了对传统农业的依赖，提升了经济的多元化和抗风险能力。④缩小城乡发展差距。通过体育旅游活动的带动，乡村地区的基础设施得到了改善，公共服务水平逐步提升，缩小了与城市在生活质量和发展机遇上的差距，促进了城乡一体化进程。⑤推动经济可持续发展。体育旅游活动倡导绿色、健康的生活方式，鼓励乡村发展生态旅游、休闲农业等绿色产业，为农村经济的长远发展奠定了坚实的基础，有助于实现经济效益与环境保护的双赢。

（2）体育旅游活动对乡村社会价值的双刃剑效应。积极影响：乡村社会价值的提升。①增进身心健康。体育旅游活动的推广，不仅丰富了乡村居民的休闲生活，还促进了身心健康的全面提升。定期参与体育活动，有助于缓解压力、增强体质、塑造坚韧意志，进而提升生活质量，营造积极向上的生活态度。②促进观念革新与民主进程。体育旅游活动具有现代服务业属性，引入了先进的管理理念和服务标准，促使乡村居民接受新思想、新观念，推动了乡村民主治理的深化。通过集体决策，增强了村民的参与感，提升了村民的民主意识。③促进生态环境保护与可持续发展。体育旅游活动带来的经济效益为乡村环境保护提供了资金支持。乡村管理者可以将部分收益投入生态保护项目，如绿化美化、污染治理等，保障了乡村环境的持续改善和生态平衡。④提升乡村知名度与促进文化交流。体育旅游活动的举办加强了乡村与外界的联系，提升了乡村的知名度，促进了城乡间的文化交流与互动，为乡村打开了更广阔的视野。⑤助力传统文化与景观的保护。体育旅游活动的开展有利于传统村落景观的保护与修复，同时为传统文化的传承与创新提供了平台，让古老的民俗艺术焕发生机。

消极影响：挑战与应对。①非物质文化遗产的流失。在追求体育旅游与乡村旅游发展的过程中，缺乏有效的环境保护意识和政策支持，可能导致非物质文化遗产资源的流失，如传统民俗技艺衰落甚至失传，这对乡村文化的传承构成威胁。②不良行为的潜在负面影响。商业化进程中，若过于追求经济利益，不考虑乡村旅游的可持续性，可能会滋生不良商业行为。这不仅会损害乡村的淳朴民风，也会降低体育旅游与乡村旅游的美誉度。

针对以上消极影响，乡村管理者与社区应加强环境保护意识，制定和完善相关政策，保护非物质文化遗产，同时注重道德教育，引导商家诚信经营，共同维护乡村的自然美与人文美，确保体育旅游与乡村旅游的健康发展。通过平衡发展与保护，乡村可以实现经济、社会与环境的和谐共生，为后代留下宝贵的自然与文化遗产。

3. 体育旅游景观与乡村发展的相互促进

（1）体育旅游景观与乡村基础设施的协同发展。体育旅游景观作为体育旅游者的核心吸引物，分为人文体育景观和自然体育景观两大类。它是体育旅游活动开展的前提条件，其质量与特色直接反映了体育旅游目的地的形象。体育旅游目的地的基础设施建设和软环境优化，在很大程度上受益于体育旅游景观的开发与利用。

发展体育旅游业对体育旅游目的地提出了高标准要求，包括完善的服务接待设施和体育活动所需的基础设施。合理开发利用乡村体育旅游景观，有效促进了乡村基础设施的建设和升级。一方面，便利的交通网络、健全的卫生安全体系、优美的生态环境以及特色村庄建设，是乡村体育旅游发展的基石。另一方面，城乡互动不仅促使城市居民的生活观念、消费习惯发生积极转变，也间接推动了农民环保意识的增强以及乡村景观与居住环境的改善。乡村体育旅游带来的经济收益，为乡村基础设施的持续建设和维护提供了坚实的物质基础。

（2）体育旅游景观与乡村可持续性发展的辩证关系。①体育旅游的经济与环境双重效应。乡村体育旅游激活了地方经济，增加了农民收入。然而，发展过程中也暴露出一些问题，如文化冲击等，这些问题可能制约甚至阻碍乡村体育旅游的长远发展。②可持续发展路径的探索。保护乡村景观与开发体育旅游之间存在一定的矛盾，这要求我们寻找科学合理的解决方案，实现两者的有机融合。可持续发展是最佳选择，具体措施包括：加强政府引导，进行科学规划与合理布局，确保体育旅游与乡村环境和谐共生；加强体育旅游专业人才培养，为行业发展提供智力支持，提升服务质量与管理水平；开拓多元化融资渠道，加速乡村体育旅游配套设施建设，提升服务品质与接待能力；强化生态环境保护，增强旅游地的吸引力，实现绿色可持续发展。

通过上述策略，乡村体育旅游不仅能够促进经济繁荣，还能保护自然与文化遗产，实现经济效益、社会效益和环境效益的综合提升，走上健康、可持续的发展轨道。

（二）乡村体育旅游的典型资源

1. 冰球运动

冰球运动作为一种集速度、技巧与策略于一体的竞技运动，依托冰刀、冰球杆及冰球，在冰面上展开激烈的团队对抗。早在两三百年前，诸如荷兰、俄罗斯、中国以及北美洲、北欧的部分区域，就已经存在形态各异的冰上击球游戏，这为现代冰球运动的雏形埋下了伏笔。真正意义上的现代冰球则是在加拿大萌芽并发展起来的，至今已有超过一个世纪的历史积淀。

冰球运动不仅考验运动员的个人技能，如滑行、控球和射门，更强调团队协作与战术布局，是冬季体育项目中最具观赏性与竞争性的运动之一。自其诞生以来，冰球运动已经成为全球范围内广受欢迎的体育项目，尤其是在冬季奥运会等国际赛事中占据重要地位。

2. 自行车旅游

自行车作为最普遍的人力驱动交通工具，在不影响工作的前提下，安排一段时间进行短途自行车旅行，不仅能增强身体健康，还能拓宽视野，欣赏美丽的风景。由于自行车的灵活性，骑行者可以自由地探索沿途的各个角落，不受固定路线的限制。

自行车主要分为公路车、山地车和普通旅行车三大类，选择哪种类型取决于目的地的具体条件。为了确保骑行的舒适性，骑行者需要准备一些必要的装备，这些装备的舒适度和实用性对能否充分享受骑行乐趣至关重要。基本装备包括头盔、骑行短裤、骑行衫、骑行鞋、手套、护目镜、饮水装置和打气筒等。此外，出发前还须做好充分的准备，包括制订骑行计划、体能训练、车辆选择与调试、工具准备（如剪刀、小木锉、多用扳手、旅行气筒、胶水、剪好的小块胶皮，内胎、外胎各一条，以及滚珠、闸皮、车条、气门芯备用件等）、生活用品准备（相机、手机、太阳镜、多功能登山表、水、牛肉干、压缩饼干、巧克力、维生素片以及防晒护肤用品、雨具、常用药品、照明器材、交通地形图等）等。

在自行车旅游中，应注意保持适当的车距，定期检查车辆，并适时休息以恢复体力，这些都是确保安全的重要措施。

三、高端体育旅游资源整合与发展

高端体育旅游作为体育旅游领域内的一个显著分支，代表着该行业进化至成熟阶段后涌现的创新产品类型。它不仅体现了体育旅游的多样化发展，也是市场对高品质、个性化旅游体验需求日益增长的直接回应。

（一）高端体育旅游：精致体验的定义与分类

1. 高端体育旅游概念诠释

高端体育旅游特指那些在消费水准、层次及方式上显著超越常规，专为具备特定素养的体育旅游爱好者量身打造的旅游形态。此类旅游者通常拥有较高的社会地位、经济能力、文化修养、身体条件及体育相关知识与技能。高端体育旅游的核心要素涉及三个方面：一是目标受众，即具备上述特质的个人或团体；二是优质资源，涵盖高级别的体育赛事、场地及相关服务体系；三是体验过程，旨在提供观赏体育、休闲娱乐、身心愉悦及深度心理体验的高品质实践。

2. 高端体育旅游的典型分类

针对高端体育旅游的不同侧重，大致可归纳为以下几类。

（1）高端体育观赏之旅。此类旅游着重于精神层面的满足，旨在通过观赏世界级体育赛事、探访知名体育场馆及博物馆、参与大型体育庆典等活动，达到放松心情、增长见识、陶冶情操及拓宽视野的目的。

（2）休闲奢华体育旅游。其特色在于将个性化、专业化体育活动与顶级休闲度假体验完美结合，如高尔夫度假、滑雪胜地之旅等，为参与者提供独一无二的休闲与运动双重享受。

(3) 极限探险体育旅游。以寻求刺激、挑战极限为核心，融合探险精神与人生历练，常见活动包括登山、航海、野外探险及自驾游等，旨在激发个人潜能，体验前所未有的冒险旅程。

这些分类不仅展现了高端体育旅游的多元面貌，也反映了市场需求的精细化趋势，为追求极致体验的旅行者提供了广阔的选择空间。

3. 高端体育旅游的独特属性

(1) 产品高端化与多样化。高端体育旅游的核心优势在于其产品设计的卓越品质，这体现在一流的交通基础设施、豪华的康体娱乐设施与住宿配套，以及顶尖的专业指导教练。这些元素共同构成了高端体育旅游的标志性特征，确保了消费者的体验层次远超常规。产品高端化还体现在其多样化与专题化，覆盖从赛事观赏、休闲度假到极限探险等多维度需求，满足不同旅行者的个性化偏好。

(2) 心灵与身体的双重释放。高端体育旅游的功能丰富多元，旨在提供全方位的休闲体验。主导功能聚焦于度假与放松，旨在帮助参与者逃离都市喧嚣，重获心灵宁静。支撑功能涵盖康体、健身、休闲、娱乐与体验，鼓励身体与精神的双重焕发。辅助功能则通过观赏与观光，拓宽视野，丰富阅历。研究显示，参与高端体育旅游的主要动机在于寻求身心的彻底放松，以缓解现代社会高强度生活与工作的压力。

(3) 循环往复的消费模式。高端体育旅游并非单一事件，而是形成了一种周期性的消费习惯。参与者往往会在特定运动项目中持续投资，展现出强烈的重复消费倾向，形成了稳定的客户基础与市场潜力。

(4) 轮轴式的行动轨迹。高端体育旅游者的行程规划呈现出“点对点”的直线特征，从居住地直抵高端体育旅游目的地，然后以目的地为中心，向外辐射进行周边探索。这种“轮轴式”的行为模式既保证了旅途的高效便捷，也最大化地利用了高端体育旅游资源，提供了深度沉浸的旅行体验。

(二) 我国高端体育旅游的进展与挑战

1. 当前发展概况

我国的高端体育旅游市场正逐步壮大，其现状从消费者来源、产品分布与开发模式三个维度可窥一斑。

(1) 消费者地域分布。经济发达的环渤海、长三角与珠三角城市圈，尤其是北京、上海、广州等一线城市，构成了我国高端体育旅游消费的主力军。这一分布格局凸显了经济实力对高端体育旅游需求的决定性影响。

（2）产品地理布局。受制于经济水平差异，高端体育旅游产品主要集中在北京、上海、深圳等经济中心，其他区域则相对稀缺。产品分布与经济发展程度的正相关性进一步证实了经济基础对高端体育旅游发展的关键作用。

（3）开发模式概览。我国高端体育旅游的开发策略主要围绕旅游度假区展开，这标志着该领域已取得初步成就，但仍面临一系列亟待克服的障碍，如市场培育时间短、产品同质化严重、社会认知偏差、文化内涵挖掘不足及专业服务能力欠缺等。

2. 推动我国高端体育旅游可持续发展的策略

基于对我国当前高端体育旅游发展现状的深入分析，结合国情实际，为促进其健康、可持续发展，可从以下关键领域着手。

（1）构建政策法规保障体系。①强化立法支撑。政府应加强立法工作，为高端体育旅游企业运营提供坚实的法律保障，确保行业规范有序发展。②健全政策激励机制。出台一系列扶持政策，激发市场活力，吸引更广泛的消费群体参与高端体育旅游，促进产业规模扩大。③整合行业资源。成立行业协会与组织，优化高端体育旅游资源配置，提升行业整体协调与运营效率。④设立研究机构。建立高端体育旅游经济研究机构，负责中长期战略规划的制定，为行业发展提供智力支持与方向指引。

（2）营造文化氛围与深化国际合作。①培育文化氛围。政府、行业与企业应加大宣传力度，塑造高端体育旅游正面形象，构建有利于产业发展的文化环境。②加强国际交流。积极参与国际旅游业界活动，借鉴国外成熟市场模式，结合国情探索适合本土发展的新路径，推动高端体育旅游国际化进程。

（3）优化市场营销策略。①市场调研与细分。高端体育旅游经营者须深入市场调研，精准定位目标群体，设计符合市场需求的产品，强化品牌形象，挖掘产品文化内涵，提升用户体验。②品牌战略构建。通过培育忠实客户群，巩固品牌影响力，确保高端体育旅游市场的稳定与持续增长。

（4）开发适销对路的高端产品。依据市场偏好，重点发展高尔夫球、滑雪等热门项目，同时探索新兴高端体育旅游产品，满足多样化消费需求。

（5）建设人才队伍与提升专业技能。人才是核心竞争力，应加大对高端体育旅游专业人才特别是教练人才的培养力度，通过传授专业技能，激发参与者消费热情，提高参与者活动参与度，为产业发展提供人才保障。

（三）我国高端体育旅游的典型资源整合

1. 高尔夫球运动

高尔夫球这项传统的户外休闲运动，如今已成为全球范围内备受欢迎的优雅体育项目。它不仅对球场环境、球具品质及球技水平有着极高要求，更对参与者自身的品格修养设定了严格标准。高尔夫球运动的魅力在于，球员须凭借精湛的技术与稳定的心理素质，力求将球击得更远、更准。秉持积极、谦逊与坦荡的心态，专注于每一杆，全心投入每一球，是高尔夫球运动精神的精髓所在。

高尔夫球场犹如大自然的杰作与人类智慧的结晶，巧妙融合了绿茵、湖泊、沙坑与林木等自然元素，经由设计师的巧思构想，呈现出一幅幅令人叹为观止的视觉盛宴。它们多选址于丘陵缓坡之上，亦不乏位于高山之巅、幽谷深处乃至海岛之上的独特球场。一般而言，高尔夫球场可划分为三大区域：会馆区、球道区及草坪管理区。标准球场设有 18 个球洞，小型球场通常包含 9 个球洞，完成一轮比赛需连续挑战 18 个球洞。

高尔夫球运动装备主要包括：高尔夫球（坚硬且具弹性的白色实心球）、球杆（分为木杆与铁杆两种）、专业着装（运动衫与优质面料的长裤）、专用鞋及手套。每一样运动装备都是提升球技与享受游戏不可或缺的伙伴。这些精心挑选的装备不仅体现了高尔夫球运动的专业性，也彰显了其对细节与品质的极致追求。

2. 滑翔伞运动

滑翔伞作为一种无动力飞行方式，其独特之处在于借助地球引力驱动，当滑翔器以低于 1.5 米/秒的速度下降时，却能获得超过 60 千米/时的向前飞行速度。这一特点使滑翔伞成为人与自然深度交流的绝佳媒介，深受那些崇尚自然之美的爱好者的喜爱。

滑翔伞运动的起源可追溯到 20 世纪 70 年代初的欧洲。当时，一些登山者尝试从山顶使用降落伞滑翔而下，这种全新的体验不仅让他们感受到了前所未有的刺激和乐趣，更为后来滑翔伞运动的诞生奠定了基础。

在西方国家，滑翔伞运动的发展势头迅猛，瑞士、奥地利、德国、西班牙等发达国家汇聚了众多技艺精湛的飞行高手。在亚洲的日本、韩国等经济发达地区，滑翔伞运动同样得到了广泛的普及和热烈的追捧。这项运动充满了激情与挑战，非常符合年轻人追求刺激与冒险的精神。

3. 自驾游

自驾游作为现代旅游的一种新兴形式，融合了观光、健身、度假与休闲，深受现代人的喜爱。尽管自驾游在全球范围内广受追捧，但关于其确切定义，学界尚未达成统一共识。综合国内外学者的研究，可以提炼出自驾游的三个核心要素，使其与其他旅游方式区分开来。首先，自驾游以私有或租借的汽车作为交通工具；其次，它以休闲体验为主要目的，追求一种特定的旅游方式；最后，自驾游涵盖了驾车者旅行和短暂停留过程中所产生的各种现象和关系。因此，自驾游可以被定义为：旅游者选择自己或同伴驾驶汽车作为出行方式，以休闲体验为核心目标，自主规划旅游线路、时间和预算，同时涉及由此产生的一系列现象和关系的总和。

自驾游具备显著的行动自主性、准备充分和丰富收获等特点。根据不同的分类标准，自驾游可以有多种划分方式。从组织角度看，自驾游可分为个人完全自驾游、半自助自驾游、参团自驾游和汽车品牌俱乐部组织的自驾游；从市场类型看，有大众自驾游、主题自驾游和高端自驾游；按距离划分，则分为短途自驾游、中途自驾游和长途自驾游。此外，可以从地域、车辆所有权、车辆类型、旅游者自发性和是否自有汽车等多个维度进行分类，如区内自驾游、区间自驾游、出入境自驾游、私家车自驾游、房车自驾游、越野车自驾游、轿车自驾游、自发组织的自驾游以及自驾游俱乐部组织的自驾游等。

在进行自驾车旅游时，需要全面考虑旅途中的饮食、住宿、交通、游玩、购物和娱乐等方面，以确保行程的顺利与舒适。因此，一个周密的计划安排是必不可少的。

第六章

体育旅游市场

现阶段，我国的体育旅游行业正处在成长期，市场体系尚不成熟，内外部环境间存在若干不协调因素，这些均对体育旅游产业的健康、可持续发展构成了挑战。要有效应对这些挑战，首要任务是全面而深入地识别与分析体育旅游市场现存的问题，继而逐步优化体育旅游的运营机制，营造积极的文化氛围，改善市场生态。唯有如此，方能确保我国体育旅游行业的稳健前行。

第一节　体育旅游市场的构成

一、体育旅游市场概述

（一）旅游市场的诠释

旅游市场通常被理解为旅游客源市场或需求市场，它涵盖了那些对特定旅游产品具有潜在购买意愿和实际购买行为的消费者群体。由于旅游市场的定义具有一定的多样性，可以从以下几个维度来进一步解读。

从经济学的视角出发，旅游市场被视为旅游者与旅游企业之间进行旅游产品交换的平台。在这个平台上，供需双方实现价值交换。

从地理学的角度来看，旅游市场是旅游产品的核心购买区域，它聚集了众多的旅游消费者。

从商品市场的角度来看，旅游市场则涵盖了旅游产品交换过程中所产生的各种经济行为和关系的总和。与一般的商品市场不同，旅游市场主要出售的是以服务为主的包价旅游路线而非具体的物质产品。此外，旅游市场的显著特点是旅游产品供给与消费过程的同步性，以及较强的季节性。

（二）体育旅游市场概念解析

在宏观的商品市场体系中，体育旅游市场作为其中的一个细分领域，伴随市场经济的发展与体育旅游活动的兴起而逐渐成形。在全球范围内，这一市场已展现出庞大的规模与潜力。

从市场学视角来看，体育旅游市场涵盖了潜在的与实际的体育旅游产品购买者，即体育旅游的客源或需求市场。实际购买者通常指具备主观意愿与客观条件的、参与体育旅游的消费群体；潜在购买者则是那些虽有出游愿望但暂未满足参与条件，或尚无出游计划的潜在消费者。

经济学视域下，体育旅游市场被视为商品市场的一个分支，它构成了旅游者与旅游企业间交易活动的有效平台。鉴于体育旅游产品主要以服务形式提供，交易过程往往依赖于中介、媒介或广告进行。

（三）体育旅游市场类型探讨

国内学者针对体育旅游市场的分类标准提出了多元视角。南京体育学院谭燕秋教授等提出，体育旅游可依据是否直接参与体育活动或前往特定体育旅游目的地进行细分。韶关学院体育学院教师王桂忠等则从体育旅游者个性消费角度，将其划分为挑战刺激型、健身娱乐型及赛事观赏型市场。

参照国家标准《旅游资源分类、调查与评价》（GB/T 18972），体育旅游资源被归类为康体型、观光型及赛事型三大类。基于此，从体育旅游资源角度对体育旅游市场进行分类不失为一种有效方法。据此，体育旅游市场可细分为康体型体育旅游市场与赛事型体育旅游市场，这一分类方式有助于更精准地理解与定位体育旅游的市场需求与供给。

（四）体育旅游市场面临的挑战

当前，体育旅游市场正面临一系列亟待解决的问题，具体表现为以下几点。

（1）产品层次单一。当前，体育旅游产品普遍层次较低，难以充分挖掘市场潜力。理想的体育旅游产品应涵盖低频赛事、中频服务与高频健身等多个层面，而我国市场目前还停留在初级赛事阶段，未能有效满足消费者多元化需求，抑制了市场活力的释放与体育旅游领域的拓展。

（2）服务质量欠佳。服务质量低下是体育旅游市场的另一痛点，尤其是在拓展、攀岩、滑雪、赛车等高技术含量项目上的服务品质与消费者体验较差。缺乏专业培训与服务标准化使得体育旅游领域难以吸引并留住顾客，制约了行业的健康发展。

(3) 品牌吸引力不足。缺乏高端体育旅游品牌是当前市场的一大短板。高水平的体育旅游品牌构建依赖于市场环境、优质旅游资源与顶尖人才的有机结合。然而，当前在这些方面还存在不足。

(4) 高端人才缺乏。高端体育旅游专业人才的短缺成为制约行业快速发展的瓶颈。如何吸引并培养这类人才，已成为体育旅游行业亟须解决的核心问题。只有汇聚高端人才，才能设计出高水准的体育旅游产品，提供专业化的服务，激发市场活力，推动体育旅游进入全新发展阶段。

二、体育旅游市场的构成要素

(一) 体育旅游者：赛事与活动的双重角色

体育旅游者以亲身体验或现场观摩体育赛事及活动为核心诉求。通过媒体的广泛传播，不仅能提升举办地的知名度与形象，还能促进经济收益与社会影响力的双丰收。随着体育旅游的热度持续攀升，无论是发达国家还是发展中国家，均致力于满足消费群体的多元化需求。市场需求的高涨促使开发力度加大，进而带动了旅游市场的繁荣。

(二) 体育旅游资源：魅力与挑战并存

体育旅游资源泛指自然界与社会环境中能吸引体育旅游者兴趣，服务于旅游市场，创造经济与社会效益的一切要素。其独特属性包括以下几方面。

(1) 吸引力。体育旅游资源的吸引力是决定旅游者出行意愿的关键。任何设施的不完善或服务质量的欠缺都将影响目的地的吸引力。以四川大邑旅游区为例，早期开发的西岭雪山冰雪体育旅游，结合花水湾温泉，巧妙融合冷热资源，成功开辟了一条以川西民俗风情为特色的体育旅游线路，展现了体育旅游资源吸引力的重要性。

(2) 季节性。即便资源丰富，体育旅游同样受到地域与气候条件的制约，呈现出明显的季节性特征。例如，冬季适宜滑雪与冰球，夏季则更适合滑草与游泳，季节变换为体育旅游增添了时间维度的多样性。

(3) 重复性。与多数自然或人文旅游资源相比，体育旅游资源因其内在的挑战性与参与性，促使游客产生重复访问的强烈意愿。不同于一次性的游览体验，体育旅游的魅力在于其持续吸引回头客的能力，让参与者乐此不疲。

（三）体育旅游媒介：连接供需的桥梁

体育旅游媒介作为连接体育旅游活动主体、参与者与资源之间的纽带，提供有偿中介服务。其运作根基在于体育旅游资源的依托以及体育与旅游基础设施的完善。体育旅游媒介的持续繁荣与资源的丰富度及经济因素息息相关。实践中，体育旅游产业的发展能够带动一系列相关项目的协同增长，但在运营过程中也极易受到外部环境变动的影响，体现出高度的敏感性与动态性。

第二节　体育旅游市场的需求

一、旅游消费环境的优化

体育旅游市场需求展现出强烈的“优质追求”特性。游客在环境质量、特色服务、政府供给与管理等方面不仅期望这些要素的存在，更期望它们能够达到更高的标准。

他们尤为重视环境治理、交通体系的优化、安全保障的加强、信息网络的完善、智慧购物的便利、市场监管的严格和区域资源整合的高效等方面。应持续完善旅游厕所、游客集散中心、大型旅游消费综合体等旅游休闲基础设施，以满足游客更高的需求。应充分利用铁路等基础设施的交通运输和游客服务功能，增设交通集散中心，优化交通运输网络，并扩大其覆盖范围，使游客的出行更加便捷。应大力推广线上线下相结合的新零售模式，增加网络购物和智能服务的供给，以满足游客在购物和服务方面的多样化需求。应强化市场监管和行业监督，确保旅游消费各环节的价格合理，避免不合理定价现象的出现。应加强区域性资源整合，深入挖掘和利用整个区域的体育资源、文化资源和旅游资源，以提供更加丰富和优质的旅游体验。

二、区域发展特色突出

体育旅游市场需求展现出了强烈的“求新求异”倾向。游客在选择目的地时，追求的是自然资源、文化底蕴、旅游产品、基础设施以及空间布局等方面的独特性和差异性。

为了满足这一需求，应深入挖掘山地资源和体育文化内涵，开发独具特色的冰雪旅游产品和康养旅游产品，同时推出各类别致的餐饮和住宿体验，进一步完善体育休闲、康养休闲和生态休闲等基础设施。依托现有的产业基础，应深入挖掘地方特色，将体育文化和奥运文化融入区域旅游发展中，打造集文化旅游、生态旅游、康养旅游于一体的综合性文化生态旅游产业集群。还应充分利用冬奥会体育产业资源，打造集冰雪、山地运动、体育赛事于一体的冰雪体育产业集群。应积极推动冰雪、体育、文化旅游和养老产业与传统制造业、农业的深度融合与拓展，培育体育装备制造业、生态农业等新兴业态，为游客提供更为丰富的旅游体验。为了丰富产品种类，应打造“全周期、四季化”的产品体系，增强产品的多样性和趣味性，以吸引更广泛的游客群体。同时，降低体育旅游产品对游客专业技能的要求，使更多人能够轻松参与和享受。

三、游客参与意识薄弱

体育旅游市场需求确实带有一定的“被动性”特点。游客对于与自身旅游体验紧密相关的要素往往显得较为被动，对于目的地应提供的必备要素缺乏明确认知，同时参与目的地建设和体育旅游活动的积极性不高。

为了应对这一挑战，可以采取以下措施：借助全民健身战略的实施以及冬奥会的举办等契机，大力推广冰雪运动，引导社会形成重视体育、积极参与体育的良好氛围。加大宣传推广力度，通过建立政府民意专栏、开展网络调查等方式，积极引导民众参与到体育旅游文化带的建设中来，共同推动体育旅游的发展。还需注重完善大众赛道和体验场地，为游客提供更加便捷的参与途径。同时，在体育运动项目相关的景点提供技能培训，使他们能够更好地享受体育旅游带来的乐趣。

四、政府和市场双重作用

旅游目的地的繁荣发展离不开政府与市场的协同努力。在体育文化旅游带的构建过程中，那些“应维持”的核心要素往往带有强烈的政府主导色彩，“需改进”的要素则更多地体现了市场供给的灵活性和创新性。值得注意的是，不论是“应维持”还是“需改进”的要素，其中大部分位列前茅的均属于政府规划与建设的重点范畴。这足以表明，体育文化旅游带在政府的推动下，已在基础设施建设等方面取得了显著成效。面向未来，仍需深化政府与市场的合作，共同发力，不断提升体育文化旅游带作为新型旅游目的地的吸引力和市场竞争力，以实现持续、健康的发展。

第三节　体育旅游市场的细分

一、体育旅游市场细分的概念和策略

（一）解读体育旅游市场细分的概念

体育旅游市场细分实质上是一个识别并区分不同体育旅游者需求差异的过程。它通过对整体体育旅游市场进行深入分析，将具有相似旅游需求的旅游者群体划分为若干个细分市场，从而帮助企业明确并定位自身的目标市场。这里的市场细分并非简单的产品分类，而是基于旅游需求的多样性对市场进行精细化的划分。在体育旅游市场中，由于旅游者的需求和偏好各异，市场细分的第一步便是识别这些差异，然后将具有相同需求的旅游者归为一类，形成各具特色的细分市场。这一过程有助于企业更加精准地把握市场需求，制定有针对性的市场策略，提高市场竞争力。

（二）体育旅游市场细分的多元化策略

在体育旅游市场细分的过程中，可以采用多种方法来实现更精准的市场定位。以下是几种常见的细分方法。

1. 地域性细分

地域性细分是根据地理位置对体育旅游市场进行划分。这种方法关注游客的来源地以及他们所在的国家。基于旅游输出国与接待国之间的距离，市场可以分为远程和近程体育旅游市场。同时，根据旅游者的国际流向，市场可以进一步细分为一级市场、二级市场和机会市场。此外，可以根据旅游发生国的不同，划分为不同国家的体育旅游市场。

2. 人口统计学细分

人口统计学细分侧重于根据旅游者的个人特征进行市场划分。这些特征包括年龄、性别、家庭规模、婚姻状况、家庭生命周期、收入水平、职业、文化程度等。通过考虑这些因素，企业可以更准确地了解目标市场的人口特征。

3. 心理与行为细分

心理与行为细分是基于消费者的心理和行为特点进行市场划分。这种方法关注消费者的性格、生活方式、旅游目的、购买时间以及他们追求的利益等方面。通过深入了解消费者的心理和行为模式，企业可以更好地满足他们的需求，提供个性化的产品和服务。

二、体育旅游市场细分的标准

（一）明确区分性

在细分市场的过程中，无论基于何种维度进行划分，这些细分市场都应当具有明确的差异性。这种差异性不仅体现在它们各自独特的属性上，而且需要能够用客观、可衡量的标准来加以描述和测定。通过这样的细分，能够确保每个市场维度都是清晰界定、互不重叠的，且具体而非模糊不清。这样的划分标准才能在实际应用中发挥最大的效用。

（二）实用便利性

对体育旅游市场进行细分，其根本目的在于帮助管理者实施分类管理或帮助体育旅游企业更加高效地运营。因此，市场细分的过程需要体现出实用性和便利性。根据不同的管理和营销需求，可以采用不同的细分标准。例如，为了便于管理，管理者可以根据体育旅游企业的性质将其细分为国营、私营、合资、外资独资等类型，或者按照其服务档次划分为高、中、低档等。体育旅游企业为了实施针对性的营销策略，可以根据消费者的收入特征将体育旅游消费者市场细分为高、中、低收入群体，或者根据地域划分为本地、外地、境外消费群体等。这样的细分方式能够确保管理和营销活动的针对性和高效性。

第四节　体育旅游市场的经营管理

一、体育旅游市场的经营管理范畴

体育旅游市场的经营管理务必以体育旅游的物质基础为基石，确保资源的有效利用，否则将不可避免地导致资源的浪费，甚至对生态环境造成损害。

在体育旅游市场的经营管理过程中，必须严格遵守国家法律法规和行业规范。作为法治社会的一员，体育旅游行业必须遵循国家法律，确保所有经营活动均在法律框架内进行。这不仅是对法律的尊重，也是保障体育旅游市场健康有序发展的必要条件。

体育旅游市场经营中涉及的各种资源，包括自然资源和人才资源，都应得到合理利用和管理。故需要构建一种可持续的循环体系，确保资源利用的良性循环，避免资源的过度开发和消耗。此外，与体育旅游密切相关的配套设施，如交通、食宿、卫生医疗等，也需要得到精心管理和维护。体育旅游不仅是一场简单的体育活动，它更是一个综合性、系统性的产业，需要对每一个环节都给予足够的重视和关注。

二、体育旅游市场开发经营策略

体育旅游在发达国家蔚然成风，其影响力遍及全球。以英国为例，高尔夫旅游吸引了数百万来自世界各地的游客；在德国，自行车旅游尤为流行，拥有超过 300 家专业旅行社；美国游客则热衷于到欧洲体验自行车之旅。日本是体育旅游的重要参与者，无论是前往欧洲观赏足球赛事，还是赴美国观看 NBA 比赛，或是遍览全球各类体育赛事，日本游客都表现出极高的热情。此外，日本的相扑文化也吸引了世界各地的游客前来观赏。近年来，我国的体育旅游业也呈现出迅猛的发展态势，每年以 30％～40％的增长速度迅速崛起。

（一）消费者

1. 精准市场定位

针对体育旅游消费者需求的多样性与个性化，市场开发应力求在项目功能与体验深度上实现创新与突破。以秦皇岛为例，可充分利用其举办国际轮滑节的优势，将其打造成具有国际知名度的体育盛事，借助体育赛事的影响力，激发区域体育旅游市场的活力，塑造秦皇岛特色体育旅游品牌。同时，整合北戴河与南戴河的湿地资源，增强体育旅游的探险与教育功能，开发淡季特色产品，确保旅游产品与潜在消费者需求的高度匹配。

2. 提升服务品质

结合地方特色资源，积极开展体育旅游项目，通过体育赛事的举办促进旅游业发展，全方位满足游客需求。相关部门可定期举办专业培训，提升从业人员的服务技能，以满足游客参与体育活动的期待。此外，与旅行社合作，丰富体育旅游产品线，吸引更多游客参与。根据不同体育项目难度，配置专业教练，确保游客体验的安全与质量。鉴于体育旅游的重复消费特性，建立游客档案，提供个性化与优惠服务，有助于增强客户黏性，推动体育旅游市场的持续拓展。

（二）经营者

1. 优化体育旅游产品：细分市场，精准服务

在区域市场中，依据消费者需求与动机的差异，经营者须开发差异化的产品，以满足各年龄段旅游者的需求。以下是针对不同年龄层游客的体育旅游产品优化策略。

（1）老年游客。对于老年群体，体育旅游项目应突出健康主题，结合地域文化与自然景观，设计低强度、轻松愉悦的旅游路线。避免体力消耗过大的活动，转而强调体育锻炼与养生文化的结合，普及健康知识，营造轻松舒适的旅游体验。

（2）中年游客。针对中年旅游者，体育旅游企业应融合生活保健知识，凸显实用与绿色特色，倡导健康生活方式。住宿方面，优先选择环境优美、配备健身设施的酒店；餐饮上，注重本地特色美食体验，同时介绍当地风土人情，营造全方位的旅游体验。

（3）成年游客。成年游客的体育旅游体验应注重创新与特色，不仅要满足观赛、游览需求，更要融入地方文化与互动体验。例如，在参观体育场馆后，举办纪念品拍卖活动，将运动员签名照片、装备等作为拍卖品，增加体育与旅游的融合度，提升游客参与感，所得款项可用于本地旅游宣传，促进体育旅游市场发展。

（4）青年游客。针对充满活力的青年群体，可打造体育体验式旅游，强调参与感与社交分享。针对学生群体，除常规旅游项目外，应突出景区的历史文化与学术价值，组织各类校园体育竞赛，设置展示本地特色的解说站，吸引年轻游客的兴趣，同时满足其独立探索的需求。

2. 强化宣传推广

为了提升体育旅游产品的知名度与吸引力，须加大宣传力度，让更多人了解并感受到体育旅游的独特魅力。通过精心策划与资源整合，将富有民族文化特色的体育旅游产品推向更广泛的市场舞台。特别的，可将诸如本地特有的剪纸艺术与手工艺品等各类文化艺术元素融入体育旅游文化的宣传中，利用电视、广播等媒体渠道进行广泛传播，有效增强产品推广效果，吸引更多游客关注和参与。

（三）管理者

政府管理者应深刻认识到，唯有通过有效的监管与引导，方能妥善解决体育旅游市场面临的挑战，因此，政府的角色至关重要。

1. 制定发展规划

鉴于体育旅游市场尚处发展阶段，市场环境与条件需进一步优化，政府应扮演关键角色，制定详尽的体育旅游规划。通过政策调控与市场监督，联合各部门与社会力量，共同整顿与规范市场秩序，特别是在税收政策上可考虑实施减免措施，为体育旅游企业创造有利的发展环境。

2. 共建共享资源

任何城市的长远发展都不应局限于自身资源，而应与周边城市协同合作，共同打造品牌形象，实现资源共享与互补。通过整体营销策略，放大各城市特色优势，弥补各自短板，携手迈向更高发展平台。

3. 举办重大赛事

体育旅游市场的繁荣须依托完善的体育设施与独特资源，积极申办国际国内大型体育赛事。此举不仅能提升举办地的国际知名度与形象，还能创造可观的经济效益。赛事的举办可吸引大量游客与媒体关注，有效缓解淡季客流问题。赛事观众及其陪同人员的停留可为当地带来住宿、餐饮等消费需求，有力促进区域经济的全面发展。

4. 培育专业人才

体育旅游专业人才的培养与传统导游有所区别，他们不仅熟知体育旅游资源，还具备市场开发与投资能力，深谙体育旅游市场运作规律。这类人才的涌现将为体育旅游市场的拓展与升级注入强劲动力，推动传统体育旅游向现代化、专业化方向迈进。

（四）产品

1. 资源

（1）塑造品牌优势。品牌作为识别产品和服务的独特标志，是企业无形资产中的重要组成部分，强大的品牌效应能够为企业赢得广阔的市场空间和丰厚的利润回报。因此，打造自身优势品牌是体育旅游行业发展的必然选择。随着消费者品牌意识的提升，体育旅游企业和相关部门愈发重视品牌建设，将其视为提升竞争力的关键策略。

（2）构建生态特色市场。按照“修旧如旧，保留历史风貌”的原则，体育旅游企业应着力塑造独具特色的地方品牌，吸引国内外游客的目光。深入挖掘本地旅游资源与历史文化脉络，丰富和深化文化内涵，创新开发特色体育旅游项目。通过串联各旅游景点，拓展区域范围，实施低成本营销策略，精准定位目标客群，深化森林城市建设和滨海特色打造，使之成为生态体育旅游发展的重要抓手。

2. 服务

（1）优化服务品质。当前，制约体育旅游业发展的核心障碍在于缺乏完善的制度体系和高素质的复合型人才。为了吸引并培养这类人才，相关部门可与高等教育机构合作，增设体育旅游专业课程。同时，针对在职员工，通过定期培训与进修，全面提升其服务质量和体育旅游管理知识，确保客户体验的卓越与行业管理水平的提升。

（2）完善交通服务。任何一个城市的繁荣发展都离不开高效便捷的交通网络。作为旅游活动的基础要素，交通服务对体育旅游市场的兴衰起着至关重要的支撑作用。因此，大力发展体育旅游交通服务，不仅是必然之举，更是推动体育旅游市场持续增长的关键。体育旅游交通服务的完善不仅为游客提供了便利的出行体验，还顺畅连接了客源地与目的地，极大地促进了当地区域经济的活跃与繁荣。

第七章

体育旅游与社会经济的发展

体育旅游业的蓬勃发展离不开稳健的经济环境作为后盾。民众生活水平的提升是体育旅游产业发展不可或缺的基石。唯有当民众的生活质量达到一定水平，经济条件充裕时，才有可能催生出对体育旅游活动的广泛参与，包括体育锻炼、关注体育赛事、体育用品消费及现场观赛等，这些都是构成体育旅游产业生态链的关键环节。

第一节　体育旅游与社会经济的关系

一、体育旅游经济相关概念界定

（一）体育经济的深度解析

顾名思义，体育经济是围绕体育活动所形成的一系列经济活动和产业链条。其本质在于挖掘和发挥体育活动的潜在经济价值，通过生产和销售体育产品、提供体育服务等方式，实现经济收益。体育经济的范畴广泛，涵盖了与体育相关的所有经济活动及产业体系，并催生了专门的体育经济学专业来深入研究这一领域。

体育与经济的融合得益于市场经济的发展。一方面，体育活动通过提升社会劳动者的身体素质，增强社会生产力，进而推动经济的发展；另一方面，体育活动和赛事的举办也带动了体育相关产品和服务的消费，扩大了体育市场，促进了体育经济的繁荣。

近年来，随着全球经济的显著增长和人们精神文化需求的提高，体育经济得到了快速发展。特别是随着科技进步和产业结构的优化升级，体育经济在国民经济中的地位和作用日益凸显。在一些国家，体育经济已经成为国民经济的重要组成部分，甚至成为支柱产业，为国家的经济发展作出了重要贡献。体育经济不仅具有市场拉动和创汇效应，还能带动相关产业和就业，产生广泛的人文效应，具有显著的社会效益和经济效益。

（二）旅游经济的多方面解读

旅游经济是随着旅游活动的兴起而诞生的一个经济概念。它涵盖了所有与旅游活动相关的经济活动和经济关系，包括旅游产品服务经营者、游客以及旅游地其他相关服务方之间的利益和需求交换。

旅游经济的发展需要一定的前提条件，如社会经济的繁荣、人民收入的增加、交通条件的改善以及政策的支持等。这些条件共同推动了旅游市场的形成和发展，增强了人们的旅游意愿和需求，进而促进了旅游经济的快速发展。

在国家鼓励发展第三产业的背景下，越来越多的地区选择通过发展旅游产业来带动区域经济的增长。国际旅游的兴起更是加速了不同国家之间的经济和文化交流。近年来，对旅游经济的研究逐渐升温，旅游经济学成为热门学科之一。

（三）体育旅游经济的融合之美

体育旅游经济是体育经济和旅游经济相互融合的产物。它以体育活动为主题和核心，吸引了众多游客基于参与体育活动、观赏体育赛事、体验体育文化等目的前来旅游。在这一过程中，体育产品的销售、体育服务的提供、旅游服务企业的运营以及旅游地其他相关服务方均通过满足游客的需求而获得经济收益。

体育旅游经济的发展得益于近年来体育热和旅游热的双重推动，特别是重大体育赛事的举办，往往能为举办地带来巨大的旅游经济收益。许多地区凭借自身优势，积极发展体育旅游经济，成功实现了地区经济结构的转型。如今，发展体育旅游经济已成为越来越多地区经济发展的共同选择。

二、体育旅游对社会经济发展的作用

（一）激发产业持续增长潜力

随着科技的飞速发展和经济的持续繁荣，体育项目愈发受到人们的青睐，而旅游与体育的交融发展对单一项目的未来具有重要的影响。

①体育旅游以其独特的体验性活动，极大地吸引了公众的关注和参与。这一项目因其多元化和互动性，满足了人们对新鲜体验的渴望，促使企业对其进行优化配置，以满足更广泛的市场需求，进而吸引更多游客，推动经济蓬勃发展。

②体育旅游为旅游业的发展积累了更为丰富的资源，为其长期稳定发展提供了坚实的基础。在成熟阶段，体育旅游能够凭借其强大的经济基础和独特的优势，为企业带来转型升级的契机，进一步推动整个产业的繁荣。

③通过体育旅游产业间的系统耦合与协同发展，能够有效优化资源配置，更好地满足市场需求。这种跨产业的合作模式将极大地促进产业的持续增长。

（二）推动经济平衡增长

在当前社会背景下，体育与旅游两大要素系统的结合为经济的可持续发展提供了强大动力。旅游项目的发展不仅推动了社会的进步，还满足了人们日益增长的精神文化需求。体育作为一种先进的产业项目，不仅为人们带来身心的愉悦，更成为吸引游客的重要资源。

体育比赛、体育设施等丰富的旅游资源不仅满足了游客的文化需求，还为他们带来了愉悦的体验。这一发展理念与创新、协调、绿色、开放、共享的新发展理念相契合，为实现可持续发展提供了有力支持。在当前经济转型的关键时期，体育旅游经济的发展成为推动区域经济结构优化的重要途径。通过发展体育旅游经济，可以提升体育产业在区域经济结构中的比重，促进区域经济结构的合理化转变。同时，体育旅游经济所形成的巨大市场潜力将有效增强经济发展活力，为未来的可持续发展创造有利条件。

（三）引领经济形态变革

随着时代的变迁，经济形态也在不断演进。新的元素和思想不断融入社会生产生活，传统的经济形态已难以满足人们日益增长的需求。体验经济作为一种新兴的经济形态，强调消费者的参与和体验，已成为经济发展的重要趋势。在旅游业、体育产业等行业中，体验经济的特征愈发明显，改变了人们的消费行为，并注重消费者的情感体验。这一转变为体育旅游的发展提供了广阔的空间，促进了经济形态的变革。

（四）助力产业结构优化

体育旅游业的快速发展不仅带来了可观的收入，对经济发展产生了积极影响，还促进了当地就业。作为劳动密集型行业，体育旅游业的发展带动了其他相关行业的发展，为地区经济注入了新的活力。体育旅游业的就业机会包括直接和间接两种类型：直接就业机会由游客直接消费产生，如商品销售和设施运营等；间接就业机会则是由体育旅游业的发展带动了其他行业的就业，如建筑业、制造业和产品加工业等。因此，体育旅游的发展不仅提供了大量的就业岗位，还间接推动了经济的发展。

体育与旅游的融合发展对地区产业结构的调整产生了深远影响，为产业发展提供了新的机遇。体育旅游业所带来的经济效益显著，其发展与更新速度较快，对提升行业生产力具有积极作用。此外，体育旅游业作为第三产业的重要支柱，对优化产业结构、促进经济发展具有重要意义。

第二节　体育旅游经济发展特点及发展模式

一、国内外体育旅游经济发展特点

（一）国外体育旅游经济的特色透视

1. 完善的政策体系与多层次的消费者

政策体系的完整性是国外体育旅游经济发展的基石。发达国家普遍建立了包括宏观管理、行业规范、市场监督及经营自律等在内的综合政策框架，为体育旅游的健康发展提供了有力保障。同时，政策体系注重调节政府、社会组织与企业间的协作关系，确保体育旅游生态系统的平衡与协同。

2. 消费者群体素养高

高素养的消费者群体是其另一显著特征。海外体育旅游市场以受过良好教育、经济条件优越的人群为主要客源。他们追求的不仅是经济实惠，更看重精神层面的满足与文化体验，将体育旅游视为心灵净化与精神升华的途径。

3. 多元化的产品与高重游率

产品形式的多样性是国外体育旅游市场的一大亮点。从观光、竞赛、度假到健身娱乐与拓展训练，体育旅游产品组合灵活丰富，满足不同消费者的需求。其中，健身娱乐与拓展训练尤为流行，体现了体育旅游的广度与深度。

4. 消费者重游意愿强烈

体育旅游活动的核心吸引力在于独特的体验价值，而体验的丰富性与品质直接关联着消费者的重游率。通过精心设计产品，确保体验与消费者预期契合是提升重游率的关键。此外，体育旅游地的鲜明形象与特色服务，如主题化环境与网络交流平台的搭建，进一步增强了体验的吸引力与个性化，刺激消费者再次光顾。

5. 形象鲜明的体育旅游地

体育旅游地的形象塑造对于提升消费者体验至关重要。一方面，完善的体育设施与服务环境是基础；另一方面，主题化服务与网络社交平台的应用加深了游客对目的地的记忆与情感联结，促进了口碑传播与再消费。然而，人与人之间的互动体验，无论是积极还是消极，都会影响体育旅游的整体印象。

6. 潜在游客的开发与市场细分

潜在市场的挖掘是体育旅游企业持续发展的关键。通过差异性目标市场策略，针对不同消费者偏好进行市场细分，是国外体育旅游营销的常用手法。首要体育旅游者、附带体育旅游者与体育爱好者构成了主要的细分市场。针对潜在游客，提供初次体验的机会与专业指导，激发其兴趣，是转化潜在需求为实际参与的有效途径。

总之，国外体育旅游经济的成功经验在于政策支持的完善、消费者层次的提升、产品形式的多样化、重游率的提高、鲜明目的地形象的塑造以及潜在市场的有效开发。这些策略不仅丰富了体育旅游的内涵，也促进了产业的可持续发展。

（二）国内体育旅游经济的特色与趋势

1. 生产要素的优化整合

国内体育旅游经济的蓬勃发展，得益于体育与旅游两大要素系统的深度融合。这一结合不仅创造了广泛的就业机会，还推动了餐饮、住宿、交通、景观、商品及娱乐等旅游相关产业的快速增长，扩大了产业规模，促进了经济繁荣。要素系统的互动效应加速了劳动力流动与集聚，实现了生产要素的最优配置，提升了体育旅游经济的整体效率。

2. 日益成熟的经济政策

近年来，国家对体育旅游产业的重视程度不断提升，出台了一系列政策措施，为体育旅游项目的发展提供了明确的指导与保障。从宏观政策到专项运动项目规划，无不体现了对体育旅游经济的大力支持。政策的连贯性与实效性有效促进了体育旅游产业的规范化与规模化发展，为产业升级与市场拓展创造了有利条件。体育旅游经济内部的要素系统间形成了新的关联，促进了经济政策的不断完善与成熟。

3. 基础设施建设提速

体育旅游产业的快速崛起，离不开基础设施的大力投入。包括交通、通信、医疗等在内的基础设施不断完善，为体育旅游项目提供了坚实的支撑。同时，体育旅游业的繁荣也带动了周边产业与服务业的协同发展，形成了良性互动的生态圈，进一步推动了区域经济的多元化发展。

4. 地方资源的开发利用

体育旅游经济在资源开发方面展现出显著优势，体育与旅游资源的互补性与关联性得到充分发挥。地方特色资源的开发与利用不仅促进了体育旅游项目的丰富多样，还拓展了旅游产业的战略空间，增强了产业的综合竞争力。

5. 全面的产业支撑体系

体育旅游经济的蓬勃发展离不开强大的产业支撑。知识、人才、技术与资本等要素的汇聚为体育旅游项目提供了源源不断的动力。院校教育、人力资源与科技创新的紧密结合催生了多样化、高质量的体育旅游产品，提升了产业的技术含量与服务水平。

体育旅游产业呈现出规模化、多元化与协同化的发展趋势。规模逐步扩大，参与人数与项目种类不断增加，体育旅游已成为推动区域经济增长的重要引擎。主体日趋多元，旅游运营商与跨界企业纷纷涌入，推动了产业的创新与竞争。深化协同发展，借助冬奥会等重大赛事的契机，体育旅游产业内部系统合作与区域联动不断增强，人才培养与机制创新成为产业持续发展的关键。

二、国内外体育旅游经济发展模式

（一）国外体育旅游经济的主导发展模式

1. 体育赛事与品牌融合的典范

体育赛事尤其是大型赛事，凭借其高影响力、高知名度与高关注度的特质，成为推动旅游目的地品牌建设的强力引擎。旅游目的地品牌以其独特的地理、文化与产业优势，成为吸引游客的关键。品牌不仅是视觉符号，更承载着目的地的形象与服务承诺，对目的地的认同感与满意度产生深远影响。

国外学者聚焦于体育赛事对旅游目的地品牌提升的研究，揭示了大型赛事对目的地品牌知名度扩大的显著作用。赛事品牌与目的地品牌的深度融合，能够实现品牌效应的最大化。例如，纽约马拉松赛事与城市品牌的合作，显著提升了城市的关注度与传播力，凸显了品牌合作的价值。为实现品牌间的有效融合，需确保品牌要素的相互渗透与促进，将体育精神与目的地文化相结合，利用赛事的聚众效应，通过多种媒介与人际传播，达到目的地品牌宣传的最佳效果。同时，目的地品牌的高知名度反哺赛事品牌，形成良性循环。

尽管品牌融合研究取得进展，但赛事品牌与目的地品牌的具体融合策略仍需在理论与实践的结合中探索。

2. 体育与旅游季节性互补的策略

季节性波动是体育旅游研究中的重要议题，涉及自然与体制两大因素。自然季节性受气候条件影响，决定特定休闲活动的适宜时段；体制季节性则源于公共节假日等强制性因素，导致游客流量的周期性变化。

国外研究者深入分析了体育旅游季节性的成因，并提出了解决方案。针对自然季节性，开发顺应季节特征的体育活动，如冬季的滑雪、滑冰，或不受季节限制的温泉康体、高尔夫球等，可有效缓解淡季效应。对于体制季节性，关注年轻上班族与学生群体的假期出游习惯，同时瞄准老年群体的休闲健身需求，开发适合老年人的体育活动，如高尔夫球运动、海钓、登山等，以均衡游客分布，减轻旺季压力。

3. 社会学视角下的体育旅游参与范式

（1）休闲限制理论的应用与解读。国外研究者在体育旅游参与领域常采用社会学视角尤其是休闲限制理论来探究体育旅游参与的障碍与动力。这一理论框架由杰克逊等学者率先引入休闲研究，将限制因素分为个人限制、人际限制与结构限制三大类别。个人限制涉及个体的身心状况、兴趣与态度，人际限制反映家庭、朋友等社会关系的影响，结构限制则指向距离、时间、经济条件等外部制约。这三类限制相互交织，形成复杂的层级关系，影响着休闲活动的参与。

在体育旅游限制模型构建上，尽管最初的休闲限制模型针对户外休闲设计，但已被证实同样适用于体育旅游，尤其在速降滑雪项目中得到验证。地理因素被视为影响体育旅游参与的关键负面因素，与结构限制紧密相关。然而，个人限制作为基础且最具影响力的限制，对体育旅游决策起着决定性作用。

（2）深度休闲理论的探索与实践。深度休闲理论旨在深化对体育旅游参与者动机与体验的理解。国外学者将其定义为，在特定闲暇时间内有计划地投身于个人偏爱的活动，从中获取知识、经验和自我展现的机会。深度休闲被细分为随性型、深度型与主题计划型三种，其中深度型以坚毅性、生涯性、自勉性、持久利益与社会认同等为特征。这一理论框架被广泛应用于深度休闲研究，揭示了参与者的行为模式与动机。

以足球球迷为例，深度休闲行为为参与者提供了社会认同感，帮助其克服活动中的不利因素，体现了深度体育旅游参与者的坚韧精神。通过深度休闲理论，研究者能更准确地把握参与者的参与程度，进而对参与者进行细分，提供定制化服务。深度体育旅游参与者主要涵盖业余者、爱好者与志愿者，他们出于对体育的热爱持续消费，成为体育旅游收益的主要来源。明确这些参与者的动机，对于优化体育旅游产品与服务，促进产业持续发展具有重要意义。

（3）怀旧理念在体育旅游中的诠释与演变。

①怀旧：连接过去与现在的情感纽带。怀旧作为社会学中的核心概念，承载着人们对往昔时光的情感依恋与再体验的渴望。体育与旅游以其独特的魅力，成为激发怀旧情怀的强大媒介，唤起参与者对美好记忆的深刻共鸣。怀旧体育旅游这一融合怀旧理念与体育旅游的新兴领域由雷德蒙首次提出，标志着体育旅游研究的新篇章。体育旅游自此被细分为主动型、事件型与怀旧型，怀旧体育旅游逐渐成为学术界的焦点。

怀旧体育旅游的吸引物最初聚焦于体育名人堂、博物馆与标志性场馆，如马萨诸塞州的篮球名人堂、巴塞罗那与亚特兰大的奥运场馆。然而，随着研究的深入，人们意识到怀旧体验并非仅源自实体历史遗迹，更多源于社会互动与情感记忆。这一认知扩展了怀旧体育旅游的内涵，使其定义更为全面。

②怀旧体育旅游者：身份与动机。明确怀旧体育旅游者的身份，对于理解其需求至关重要。这类旅游者不限于“体育爱好者”，还涵盖了以探访体育博物馆或名人堂为主要出游目的的“体育旅游朝圣者”。值得注意的是，后者虽不常在目的地过夜，但其数量不可小觑，可为目的地带来独特的文化价值与经济贡献。

③怀旧体育旅游吸引物：物质与情感的双重维度。体育博物馆与名人堂作为怀旧体育旅游的核心吸引物，通过展示体育史迹，激发参与者的情感共鸣。体育赛事，如高尔夫球高级巡回赛与前超级冰球巨星的表演赛，证明了怀旧元素对体育旅游市场的显著推动力。体育旅游大本营活动则展现了怀旧的复合性质，不仅触及物质层面，更侧重精神情感的唤醒，通过集体回忆与友谊的维系，营造超越现实束缚的理想空间。

④未来展望：怀旧的多维角色与体育旅游营销。怀旧体育旅游的研究趋势

正从单纯关注物理空间转向探索怀旧在体育旅游环境中的多元角色，寻找触发怀旧回忆的关键因素。体育旅游营销者应善用怀旧的情感力量，激发公众参与热情，促进体育旅游产业的蓬勃发展。未来的研究方向应致力于深化对怀旧在体育旅游中复杂表现形式的理解，为行业创新与市场拓展提供理论支撑。

（二）中国体育旅游经济的发展范式重构

结合对世界旅游经济发展模式的分析以及中国旅游业的发展现状和基本国情，中国体育旅游经济发展模式应着重选择以下几种。

1. 超前发展战略：引领经济共振

在全球旅游经济的版图中，超前发展模式与滞后发展模式并存，分别适用于不同的经济背景与资源禀赋。超前发展模式尤其适合体育旅游资源丰富、自然环境优越的地区，如我国沿海经济带及体育文化底蕴深厚的区域。这一模式强调通过集中资源优先发展体育旅游业，旨在利用其综合性影响驱动整个经济体系的协同进步。体育旅游不再是经济增长的单一引擎，而是成为连接国内外市场、促进产业结构优化升级的战略支点。在超前发展模式下，体育旅游业的繁荣直接关联到相关产业链的协同发展，成为推动国家经济转型与高质量增长的重要抓手。

2. 推进式发展模式：内外兼修的成长路径

借鉴全球体育旅游的发展经验，我国采取了一条由国际体育旅游市场反哺国内体育旅游市场的非传统路径——推进式发展模式。此模式以城市为节点，依托体育旅游资源与基础设施的现有优势，逐步构建全国性的体育旅游网络。城市既作为体育旅游的起点，也是其发展的核心载体，形成了以城市为中心向周边辐射扩散的格局。体育旅游资源开发从自然景观、文化遗产到体育赛事的多元化拓展，满足了日益增长的市场需求。体育旅游产品创新与升级由最初的观光型向体验型、休闲型转变，实现了产品结构的优化。同时，体育旅游设施的建设呈现出多层次、全方位的态势，以适应不同消费群体的需求，构筑了一个包容性强、覆盖广泛的体育旅游生态系统。

3. 跳跃式非均衡发展模式：时空交织的创新之路

在体育旅游经济的发展进程中，跳跃式非均衡发展模式凸显了我国体育旅游业的独特轨迹。这一模式兼顾时间与空间维度，旨在短期内实现跨越式发展，同时承认并利用地区间的发展差异，形成各具特色的体育旅游格局。基于我国国情，体育旅游经济有望跳脱传统的线性增长模式，快速步入接待海外与国内体育旅游者并重的新阶段，开创体育旅游产业的崭新局面。我国庞大的人口基数、整体经济实力的雄厚与体育旅游相关行业的初步成形，为模式的实施奠定了坚实基础。

第三节　体育旅游经济发展动态

一、形成对体育旅游经济发展有利的社会环境

体育旅游的蓬勃兴起催生了巨大的市场需求，国家对此领域的高度重视、积极扶持加上 2022 年北京冬奥会的催化作用，共同为体育旅游的繁荣创造了得天独厚的条件。这一行业不仅实现了经济上的飞跃式增长，还带动了产业升级和从业者收入的显著提升。在政策的春风和经济的稳健发展“双轮驱动”下，体育旅游向着更广阔的天地迈进。

近年来，国家立足于资源优势，着眼于国际化、标准化、市场化的目标，借助冬奥会的契机，大力推动体育旅游项目落地生根。一揽子扶持措施涵盖税收优惠、项目资助、用地支持、人才培养和创业激励等方面，构建起全方位的政策保障体系，为体育旅游经济的腾飞插上了翅膀。各级政府的鼎力支持和精准施策为体育旅游经济的成长提供了坚实的后盾，使其在政策的春风中茁壮成长。

二、体育旅游经济在体育产业经济中价值凸显

体育旅游经济已经取得了显著的跨越式增长，这种增长具体展现在体育旅游业的迅猛崛起、经济结构的升级转型，以及体育旅游业内人员薪酬的显著增长。通过积极推动体育旅游项目的研发和全面整合地区内的多种旅游资源，推动产业间的协作与创新，以防止体育旅游经济结构过于单一。

（一）经济结构升级转型

体育旅游是体育经济与旅游经济相互融合产生的新兴经济形态。其产业链能广泛触及传统体育产业、旅游产业及其相关的多个产业，有能力构建一个庞大且发达的产业链体系。这个体系不仅包含基础的体育商品销售、旅游服务、交通运输，还涉及餐饮娱乐、住宿、通信、服装、食品加工、建筑、保险、金融等多个与体育旅游紧密相关的行业。因此，体育旅游经济的发展对于优化和

提升地方产业结构具有积极的推动作用。

以河北张家口崇礼区的发展为例，该地区经历了从以农业为主导到依托农业生态资源的生态旅游再到以滑雪为核心的体育旅游的转变。这一系列的转变都推动了崇礼区产业结构的升级。在稳固第一产业的基础上，从体育旅游中衍生出的一系列配套服务行业也获得了快速发展，为滑雪旅游爱好者提供了一站式的餐饮、娱乐、住宿和购物服务，第三产业的占比逐渐提高，并处于不断升级发展的过程中。以崇礼的餐饮住宿行业为例，随着体育旅游热度的提升，游客数量急剧增加，对餐饮住宿等基础服务的需求也大幅增加，从而推动了崇礼餐饮住宿行业的快速发展。

（二）提高从业人员收入

体育旅游的发展为人们创造了大量的就业机会，为经济发展注入了新的活力，推动了经济的稳健发展。体育旅游经济的显著增长也体现在提高了体育旅游从业人员的收入水平。行业的发展状况往往可以从从业者的收入变化中反映出来。当行业发展迅速时，从业者的收入增长也相对较快；相反，如果行业发展不景气，从业者的收入水平也会相应下降。从目前的实际情况来看，体育旅游的发展对于提升区域内居民的收入水平作出了显著的贡献。

三、体育与旅游产业深度融合推动体育旅游经济可持续发展

在推进体育旅游经济的过程中，不应仅聚焦于眼前的经济效益而忽视它对生态环境可能造成的潜在压力。因此，必须在体育旅游经济的发展中，加大对环境保护和生态修复的投入，加速绿色能源的探索与应用，确保奥运村、城市中心、赛场及其周边村镇的建设采用可再生能源供暖，配备太阳能光伏设备，提供清洁电力。同时，公共交通系统正逐步淘汰燃油车辆而转向电动化，在滑雪旅游热点区域增设充电设施等，这些举措都是为了迈向可持续发展的长远目标。

体育旅游经济向可持续发展转型，具体体现为生态补偿机制的不断完善，以及对绿色能源的大力推广使用。通过产业的整体优化与协调共生，体育旅游经济终将达成可持续发展的宏伟蓝图。

近年来，国家高度重视环境保护，对各行业的环保标准提出了严格要求。以滑雪旅游为例，这一以山区地貌和冰雪资源为依托的体育旅游产业，在体育旅游热的推动下迎来了游客数量的爆发式增长。尽管经济效益显著，但也对环

境造成了不小的压力。在此背景下，如何在环境承载力与旅游发展之间找到平衡点，成为至关重要的议题。

（一）生态补偿机制：和谐共生的基石

构建生态补偿机制是我国追求自然、社会与经济三者和谐共进的必由之路。其目标在于，在经济发展的同时对生态环境遭受的损害进行有效修复与补偿，确保人类活动与自然界的良性互动。体育旅游经济的发展正日益凸显生态补偿机制的重要性。响应国家生态文明建设号召，各地陆续关闭了污染严重的工厂，大量投入植树造林、水质净化等生态项目，以缓解环境压力。生态补偿机制的完善标志着体育旅游经济正稳步走向可持续发展。

具体实践中，各地加速推进防风固沙、水源涵养林及林场建设等生态工程，坚持“开采与绿化并举、发展与治理同步”的原则，共建绿色矿山，拓展矿区绿化面积。除了政府主导的绿化项目，还积极引入大型植树造林活动，拓宽生态建设渠道。例如，推进退耕还林计划，制定合理的生态补偿方案。在经济补偿的基础上，根据退耕农户意愿，将富余劳动力转化为林业工作者，如护林员、造林工人等，或通过技能培训，引导他们投身旅游相关产业。这既保障了农户收入，又满足了体育旅游的人力需求，化解了生态建设与农户生计之间的矛盾，确保了生态补偿措施的有效实施。

（二）绿色能源：可持续发展的引擎

伴随低碳生活理念的普及，绿色能源的开发利用成为时代潮流。各地对绿色能源的重视程度不断提升。在供暖领域推行可再生能源，核心区域供暖设施的绿色化改造有序进行。太阳能光伏装置作为建筑标配，区域内的高污染燃煤锅炉被清洁燃料或电力设备替代，极大地降低了能源消耗和环境污染，绿色能源的利用效率显著提高。绿色能源的高效开发与应用，成为体育旅游经济可持续前行的关键推动力。

总之，生态补偿机制的完善与绿色能源的广泛应用，不仅促进了体育旅游经济的绿色发展，更为实现人与自然的和谐共生提供了坚实保障。

四、体育旅游经济发展带动专业人才培养和增加就业机会

体育旅游作为新兴行业，其蓬勃发展对专业人才的需求日益增长。近年来，体育旅游产业规模的扩张加速，然而，人才短缺问题愈发凸显，特别是在

一些发展势头迅猛的城市，它们对人才的吸引力形成了明显的“人才磁石”效应。这一效应导致了两极分化现象：一方面，本地高素质人才纷纷涌向大城市寻求更广阔的发展空间；另一方面，周边城市及更远地区的优秀人才也倾向于流向这些繁华中心而非驻足于体育旅游产业所在地区。面对体育旅游产业规模扩张与专业人才匮乏之间的尖锐矛盾，推动劳动力升级已成为当务之急。劳动力升级策略主要体现在两个层面。

首先是第一产业劳动力向第三产业的转型，尤其是农业人口向旅游业的转移。具体做法包括：部分农民响应政府号召参与退耕还林工程，退耕后通过政府安置和专业培训，转型从事滑雪旅游等相关职业。这些举措不仅促进了农业劳动力的多元化转型，还显著提升了居民收入。

其次是提升行业劳动者的专业素养。政府通过加强职业培训、吸纳高校相关专业毕业生、引进行业专家等方式，致力于提高体育旅游产业劳动力的专业化水平。尽管目前体育旅游行业仍存在专业人才短缺的问题，但与以往相比，专业人才数量已有所增长，从业者的职业技能也得到了提升。在体育旅游经济发展的强劲需求推动下，劳动力升级和就业人口专业化趋势愈发明显，预示着未来区域劳动力将进一步加速升级，就业人口的专业化程度将更加显著。

第八章

我国体育旅游产业的发展

体育旅游产业作为一个融合了体育、旅游两大元素的复合型产业，其核心在于利用丰富的体育旅游资源与完善的设施，面向广大的体育旅游爱好者，通过组织多样化的体育旅游活动，满足参与者维护身心健康、追求生活质量的需求。这一产业不仅致力于提供高质量的体育旅游产品和服务，更是在追求经济效益的同时兼顾社会价值的创造，是一个集体育、休闲、文化、经济于一体的多元化产业体系。

第一节　我国体育旅游产业发展历程

一、体育旅游产业发展的萌动期

1985—1991 年我国体育旅游产业进入了一个初露锋芒的萌芽阶段。1985 年，我国真正意义上的体育旅游产业开始崭露头角，这主要源于国外登山爱好者对攀登珠穆朗玛峰的强烈渴望。紧接着，1986 年中国国际体育旅游公司的成立，进一步统筹了全国的体育旅游管理工作。同时，体育旅游也作为旅游活动中的一环，开始在国家支持旅游业发展的各项政策中崭露头角。

1985 年，国务院正式批准了《全国旅游事业发展规划（1986—2000 年）》，明确将旅游业作为国家“七五”计划中的重点支持产业。1986 年，旅游业的发展被正式纳入了国民经济和社会发展的“七五”计划中。在我国体育旅游产业诞生的初期，体育旅游主要面向的是小众消费群体，与欧美国家起初主要满足国内市场不同，我国体育旅游一开始就呈现出“外向型”的发展趋势，主要服务于国外体育旅游者。因此，可以说在这一阶段，我国体育旅游产业的发展特点体现在：开发了一部分具有世界知名度的体育旅游资源，形成了“外向型”的发展模式，吸引了国际体育旅游者的目光，但整个产业尚处于起步阶段，市场规模较小，发展相对稚嫩。

二、1992—2001 年：体育旅游产业的资源导向与粗犷成长

（一）市场经济春风下的新纪元

国家体委于 1993 年颁布《关于深化体育改革的意见》，旨在革新体育体制与运营机制，确定了以转变运行机制为核心的改革发展思路。体育旅游产业乘着这股改革东风，步入了一个崭新的发展阶段，其特征鲜明：以体育资源的开发为核心，着重于体育旅游产品数量的迅速扩张。然而，这一阶段的发展模式也暴露出粗犷式扩张的局限，对自然与人文环境的潜在破坏不容忽视。

（二）地方特色与体育旅游的初步繁荣

在此期间，全国各地依据自身资源禀赋，开发了独具特色的体育旅游资源，形成了丰富多彩的体育旅游产品线。青藏高原的登山探险、黄河的激情漂流、东北的雪上狂欢、湖北的龙舟竞渡、郑州的少林武术、内蒙古的那达慕盛会……每一项都承载着浓厚的地方文化与自然风光，吸引着国内外游客的目光。

（三）2001 年：体育旅游的里程碑

2001 年，北京成功承办第 21 届世界大学生运动会，并积极筹备申办 2008 年奥运会。这一年，我国旅游主题定为“中国体育健身游”。《2001 年中国体育健身游活动方案》的出台，不仅点燃了大众体育旅游的热情，也标志着体育旅游资源的全面梳理与盘点。该方案揭示了体育旅游产品地域分布的鲜明特征：西部地区在专项旅游线路方面占据半壁江山，共 43 条线路，占总数的 50%以上；东部和中部地区分别以 25.6%和 22%的份额紧随其后。在体育旅游节庆活动的举办上，东部地区领先，2001 年共有 30 项大型活动入围，占总量的 46.9%；西部地区和中部地区分别以 31.3%和 21.9%的占比分列第二、三位。

综上，1992—2001 年，我国体育旅游产业经历了从资源导向型的粗犷成长到初步繁荣的演变过程。体育旅游产品在地域分布上呈现出广泛覆盖的态势，东部地区以节庆体育旅游产品见长，西部地区则在专项线路体育旅游产品上占据优势，共同描绘了一幅生动的体育旅游地图。

三、2002—2008 年：体育旅游产业的多元探索与集群化发展

（一）奥运热浪下的多维度创新

2002—2008 年，正值北京奥运会的筹备阶段，体育旅游产业在经历了 2001 年的初步繁荣之后，借力奥运热潮，迎来了多形式发展的探索期。此阶段，体育旅游产业呈现三大显著趋势：区域体育旅游合作模式的兴起，以“体育圈”为代表；民营投资大规模涌入体育旅游市场；体育旅游产业集群化的初步显现。

（二）区域联动：“体育圈”概念的实践

2002 年，国家体育总局原副局长张发强提出的“环太湖体育圈”构想，开启了我国区域体育旅游合作的新篇章。随着城市化进程的加速和都市圈的崛起，“体育圈”逐渐演变为“体育旅游经济圈”“体育旅游圈”“体育生活圈”等多元化形态。这些“体育圈”的建立旨在消除区域合作的制度与意识障碍，促进体育资源的互补与均衡配置，实现体育旅游的规模化发展和产业关联效应的放大，同时兼顾生态环境与文化环境的和谐共生，推动体育旅游的可持续发展。国家体育总局计划在全国范围内构建 16 个“体育圈”，其中，“环太湖体育圈”“环青海湖民族旅游圈”“长三角体育圈”“环京津体育旅游圈”等项目已正式启动。

（三）民营投资的注入与体育旅游的产业化

这一时期的另一大特色是民营投资大举进入体育旅游产业。政策导向成为关键推手，政府倡导社会参与、利用社会资金为主的发展策略，鼓励多方力量共同推进旅游业的发展。民营企业凭借其产权清晰、责任明确、机制灵活、追求效益等优势，纷纷布局市场潜力巨大、风险相对较低、收益可观的体育旅游领域。体育旅游产业集群的形成是指在特定地理区域内，围绕体育旅游的核心吸引力，体育旅游企业及相关机构为共同目标而紧密协作，提升整体竞争力的现象。黑龙江地区已初具规模的滑雪产业集群，以及北京、广州、上海、海南等地高尔夫球场密集区展现出的高尔夫球运动产业集群雏形，正是这一趋势的具体体现。

综上所述，2002—2008 年，我国体育旅游产业在奥运会筹备的背景下，

通过区域联动、民营投资的活跃参与以及产业集群的初步形成，展现了其多元探索与创新发展的活力。

四、体育旅游产业的高速成长时代：自 2008 年起的飞跃

（一）北京奥运：体育旅游的转折点

自 2008 年起，我国体育旅游产业步入了高速成长期，而 2008 年北京奥运会无疑成为这一发展历程中的分水岭。2008 年北京奥运会的成功举办，不仅极大地激发了国民的体育热情和健康意识，促进了体育融入现代生活方式，而且为体育旅游产业留下了丰厚的遗产和资源，推动其进入高速发展轨道。奥运会的体育文化普及效应，加上体育旅游作为休闲时代公众消费的主要内容，共同促进了体育旅游产业在中国的蓬勃发展。

（二）奥运遗产的经济效应

2008 年北京奥运会留下的标志性场馆，如鸟巢和水立方，成为体育旅游的热点。据北京市奥林匹克公园管理委员会统计，自 2008 年 9 月对外开放以来，截至 2009 年 8 月，鸟巢日均访客量达到 1.5 万人，2009 年上半年运营收入突破 3 亿元。水立方转型为公共游览和居民休闲的重要场所，同期接待游客 256 万人次，创收超 6 800 万元。这些数据直观展示了奥运遗产在体育旅游领域的巨大经济潜力。

（三）跨越式发展与产业融合

后奥运时代，我国体育旅游产业正经历从资源要素驱动向资本与产业融合驱动的跨越，这一转变将激发产业关联效应、资本放大效应、空间集聚效应、产业集群效应和要素交叉渗透效应，促使体育旅游产业呈现爆炸式增长，形成新的发展拐点。预计未来个别年份的环比增长率有望超过 30%。鉴于体育旅游产业的增长率历来高于整个旅游产业，可以预见，体育旅游产业总收入年增长率将超过 9%。基于此可以预期，未来我国体育旅游产业的环比增长率将达到 15%～20%，标志着产业进入了高速成长期，实现量与质的同步提升。

（四）体育旅游产业的崛起

经过多年的发展，体育旅游产业所需的各类要素条件已初步具备，公众对

体育旅游的兴趣日益浓厚。随着人们对健康与休闲生活方式的追求，体育旅游需求呈现多样化趋势，市场初具规模。作为第三产业的重要组成部分，体育旅游产业在我国国民经济中的比重逐年攀升，成为新的经济增长点，这一事实正逐渐获得社会的广泛认同。

综上，我国体育旅游产业自2008年起进入了高速成长期，经历了从奥运遗产的经济效应到产业融合驱动的跨越，展现了体育旅游产业的巨大潜力和重要性。随着公众需求的多样化和产业的成熟发展，体育旅游产业正成为推动我国经济和社会发展的重要力量。

第二节　我国体育旅游产业发展中存在的问题

一、体育旅游产业理论研究滞后

随着我国体育旅游产业的迅猛扩张，深层次的挑战与矛盾逐渐浮出水面，亟待深入探讨与解决。这些问题涵盖了体育旅游人才的培育、体育旅游资源的可持续利用、体育旅游设施与产品创新的不足、服务质量的提升、国际竞争策略、产业政策体系的构建、市场秩序维护、投融资机制的完善，以及体育旅游与政府角色、环境保护、社会文化融合、产业组织形态变迁、国外理论本土化等多维度议题。这些复杂交织的议题呼唤着跨学科理论研究的介入与深化。

然而，当前体育旅游产业的理论研究尚显滞后，且多集中于体育旅游者的行为分析与市场研究、体育旅游资源的评估与开发等相对狭窄的领域，缺乏深度与广度。实际上，随着体育旅游产业作为国民经济新增长极的地位日益明确，国家正逐步加强对体育旅游产业的政策指导。在此背景下，体育旅游产业在发展中遇到的新问题，以及体育旅游产业经济学作为一门独立学科的理论架构，都成为亟待攻克的课题。

简而言之，体育旅游产业在快速发展的同时面临着一系列亟待理论与实践双重回应的挑战。当前的理论研究不仅需要拓宽视野，深入体育旅游产业的各个层面，还需紧跟国家政策导向，积极探索解决之道，以支撑体育旅游产业的健康、可持续发展。

二、区域体育旅游合作不畅

区域体育旅游合作指的是在特定地理区域内，不同地域的体育旅游经济实体依据共同约定或合同，对体育旅游资源进行跨区域的优化配置与组合，旨在最大化经济效益、社会效益与生态效益的体育旅游经济活动。

区域体育旅游合作的演进通常会经历四个阶段：离散态、聚集态、扩散态与成熟态。在离散态阶段，各区域独立发展体育旅游，尚未形成区域合作；进入聚集态时，合作模式多采用"以点带面"的战略，主要表现为体育旅游带的形成；成熟态阶段，采取的是"中心辐射、区域均衡"的一体化战略，"体育圈"成为主要形态，最终可能发展为国际体育旅游圈。

我国的区域体育旅游合作尚处于起步阶段，目前仅初步构建了体育旅游资源整合带，以及基于行政区划的小规模体育旅游空间布局。尽管国家体育总局提出了建设 16 个"体育圈"的规划，但部分项目进展缓慢，未能达到预期目标。其主要原因在于，各地区体育旅游资源的开发与规划缺乏全局性的理论指导，存在地域视角的局限，缺乏区域间系统性的规划、开发与协调机制。此外，区域体育旅游资源的整体优势和综合功能未能充分体现，尤其是跨区域体育旅游项目的经营协作、市场营销与综合服务体系尚未健全；体育旅游产品缺乏统一的宣传力度，难以塑造整体形象和产生持续影响力。这些因素严重制约了我国各地区体育旅游资源的开发与利用效率。

简言之，我国区域体育旅游合作正处于初期探索阶段，需加强跨区域的系统规划与协调，打破地域壁垒，提升体育旅游资源的整合与利用水平，以促进体育旅游产业的全面发展。

三、形成对比较优势的"路径依赖"

美国杰出经济学家道格拉斯·诺思提出，路径依赖实质上是一种制度演进的自我强化机制，意味着制度变革将沿着既定路径前行，最终结果可能导向两种截然不同的轨迹：一是步入良性循环，实现优化与进化；二是沿错误路径持续滑行，甚至被"锁定"在低效状态，导致发展停滞。我国体育旅游产业自诞生之初便秉持比较优势战略，各地依循自身资源优势开发体育旅游资源，形成了资源导向的开发模式。然而，当前体育旅游产业的发展陷入了比较优势战略的"路径依赖"陷阱，对产业长期健康发展构成潜在威胁。

东部地区体育旅游产业的"路径依赖"问题突出，具体表现为：①资源布局失衡与扩散效应受限。体育旅游资源分布不均，产业资源的辐射效应未能充分发挥。②赛事资源价值递减。东部地区曾是体育赛事的热点区域，但近年来赛事质量下滑，影响了体育旅游市场的健康发展。③市场开发力度不足。未能充分利用东部地区的经济优势和居民旺盛的体育旅游需求来拓展产业规模。④产品创新乏力。体育旅游产品同质化严重，缺乏创新，导致资源浪费。

西部地区体育旅游产业亦面临相似困境：①开发理念陈旧。西部地区虽重视民族体育旅游资源开发，但在产品营销上认知不足，未能有效利用民族体育文化特色进行推广。②产品结构失衡。体育旅游产品多为观赏型，缺乏参与性和体验感，未能充分利用独特的自然条件开发更具吸引力的产品。③资源整合不力。未能有效整合自然资源与人文资源，形成品牌效应，错失了构建区域产业优势的机会。

除此之外，我国体育旅游业的发展还面临政府引导不足、规划引导缺乏、产品体系不健全、基础设施欠缺、人才短缺、制度滞后以及营销渠道单一、宣传力度薄弱等一系列问题。

因此，我国体育旅游业的发展在“路径依赖”的束缚下，遭遇了资源布局不合理、产品创新不足、市场开发乏力、资源整合不力等多重挑战。为破解这些难题，须从政策引导、市场机制、产品创新、资源整合等多角度入手，推动体育旅游业的转型升级，实现可持续发展。

第三节　我国体育旅游产业发展路径

一、实施政府主导型体育旅游产业发展策略

在社会主义市场经济的初期阶段，为确保体育旅游产业平稳健康发展，我国需继续采取政府主导型发展战略，即政府在体育旅游产业的宏观调控中扮演核心角色。以下是实施这一战略的关键领域。

（一）完善体育旅游市场体系

作为新兴产业，体育旅游在起步阶段面临诸多挑战，亟须政府引导以逐步完善市场体系。政府应推动国有体育旅游企业改革，建立现代企业制度，助力龙头企业更好地发挥引领作用，促进产业整体进步。同时，优化制度环境，降低行业门槛，鼓励民营及外资体育旅游企业参与市场竞争，实现主体多元化。

（二）强化体育旅游规划

制定全国性的体育旅游专项规划，根据各地的区域特色、资源禀赋、发展

基础和市场潜力，有选择性地打造示范项目。鼓励各地编制相应规划，将体育旅游基础设施与重点项目纳入当地经济社会发展规划。规划目标包括：整合体育旅游资源，塑造国家体育旅游品牌；预测需求，创新产品，确保供给与需求相匹配；合理布局体育旅游设施，避免资源浪费和重复建设；调节利益分配，促进公平合理。

（三）消除外部不经济性

体育旅游活动常对环境及第三方产生负面影响，但未承担相应成本。为此，政府需加强体育旅游法治建设，完善市场法规体系，健全环境监管机制，从立法层面避免外部不经济性，并组建专业执法队伍，规范企业行为。还可倡导文明旅游，推行休假制度，缓解季节性消费压力。

（四）构建健康投融资机制

体育旅游产业需建立多元化投资、高效产出的资金筹集机制。政府应设立专项基金，支持资源开发、品牌建设与市场推广。建立投资风险责任机制，吸引社会风险投资，进行风险评估与防范，形成国家、社会、企业共同参与的格局，降低风险，提升投资回报。

（五）优化体育旅游业态

抓住旅游产业升级机遇，提升业态，丰富产品，强化目的地形象推广。聚焦形象塑造、资金募集与使用等关键环节，塑造知名体育旅游目的地，促进产业发展。

总之，实施政府主导型体育旅游产业发展策略时，各级政府应根据实际情况，综合运用比较优势、分类推进、适度超前、优先发展、重点突出等战略，形成合力，推动体育旅游产业全面发展。

二、多样化模式发展体育旅游产业

实施政府主导型体育旅游产业发展战略的核心在于恰当且有效地履行政府职责，以填补“市场失灵”的空白。在此过程中，政府行动的根基应是对市场经济规律的尊重，确保不削弱市场竞争，同时充分认识到市场机制在体育旅游产业构建中的基础性和持久性作用，避免触发“政府失灵”。基于此考量，为了更有效地发挥市场效能，在我国体育旅游产业尚未完全成熟的阶段，应采纳多元化的发展模式，以迎合市场竞争的要求，从而加速体育旅游产业的成长与繁荣。

（一）体育旅游产业集群发展模式的推进

立足于优化体育旅游产业结构的目标，积极倡导并实践体育旅游产业集群发展模式。体育旅游产业集群凭借共享基础设施服务带来的外部经济效应、规模经济效应、运营成本削减、相关产业联动发展、技术创新与服务升级等优势，能够有效塑造区域整体形象，形成营销与品牌合力。当前，我国已初步显现滑雪、高尔夫球运动等产业集群的雏形。

（1）构建服务平台与环境。政府需搭建体育旅游产业集群的信息交流平台与便捷交通网络，积极构建中介服务、人员培训、信息集成、营销服务、融资支持等专业机构，为集群内部企业提供全方位服务，奠定坚实的支撑体系与良好环境。

（2）促进企业间分工协作。政府应通过行业协会的组建与龙头企业的培育，引导集群内企业开展高效分工与合作，构建上下游产业链条，通过资源共享、经验交流、联合营销等手段，降低单个企业运营成本，提升集群整体效能。

（3）强化区域品牌建设。政府需提供体育旅游目的地的品牌推广公共服务，增强产业集群的区域品牌影响力，借助会议论坛、表彰活动、媒体宣传等渠道，培育集群文化，凝聚品牌共识。

（4）激发创新活力。政府应通过政策引导，激励集群内企业积极创新，及时引进先进技术和管理经验，推动产业集群的持续升级。从博弈论视角看，体育旅游产业集群的构建是企业间良性竞争与合作实现共赢的过程，要求集群成员深刻理解自身竞争优势与短板，树立竞争合作意识，精准定位产业链条中的关键环节，专注核心业务。同时，企业间应以诚信为基，构建互信网络，发挥集群的协同效应。

总之，政府在推动体育旅游产业集群发展模式时，应着力构建服务平台与环境、促进企业间分工协作、强化区域品牌建设、激发创新活力，引导集群内企业树立合作意识，共同促进体育旅游产业的繁荣发展。

（二）区域体育旅游发展模式

根据国外体育旅游发展经验并结合我国国情，区域体育旅游合作将成为我国体育旅游发展的主要方式，具体可以分为两种发展模式。

（1）核心—边缘圈层发展模式。例如，上海在建设健康城市的框架下，将构筑日常、双休日、节假日三个都市体育生活圈，居民出门500米左右有普及型健身设施，市民利用交通工具15分钟可到达综合性体育设施，30分钟可到达环城林带或体育主题公园等自然体育设施。

（2）点—轴发展模式。这一模式是对体育旅游资源和旅游线路比较显著呈带状分布的区域结构的抽象，如“南京东郊体育休闲、娱乐、旅游产业带”。点—轴—圈发展模式可以解释大城市“体育圈”的形成机制。通过以城市为中心的体育旅游地空间扩张，从体育旅游点的增多、规模的扩大、体育旅游通道的建设，最后向整个腹地呈圈层式扩展，促使具有点—轴—圈空间结构与多重循环机制特征的大城市“体育圈”得以形成和发展。

（三）多产业协同融合发展模式

在构建和谐社会与循环经济的背景下，体育旅游产业需进行生产方式的革新，推动自然、经济、文化协同发展的新模式，以实现产业的可持续发展与自然环境、经济、文化的和谐共存。

体育旅游的物质基础在于自然环境，自然环境成为体育旅游产业发展的关键要素。实施自然、经济、文化协同发展的模式，要求体育旅游产业采取绿色循环规划，开发环保型体育旅游产品，推行绿色经营策略，强化企业员工与消费者环保意识，将绿色理念融入企业形象、文化与品牌建设中。企业应遵守市场经济伦理，承担社会责任，融入区域经济发展，发挥促进产业结构优化与区域经济提升的积极作用。城市体育旅游应致力于城市品牌塑造与城市经营，民族体育旅游则应以推动民族地区经济振兴为己任。同时，体育旅游应完整展示区域文化特色，通过体育旅游活动对区域内有形与无形的体育文化资源进行保护与传承，实现保护与开发的有机融合，确保文化遗产的持久生命力。

这一模式强调体育旅游产业与自然、经济、文化要素的深度融合，旨在通过产业协同，促进区域可持续发展，提升社会福祉与文化自信。

（四）知识经济导向型发展模式

着眼于体育旅游产业的深度发展与创新，推动知识经济导向型发展模式。当前，体育旅游产业已步入软要素驱动的新阶段，知识与创意等非物质要素的重要性日益凸显。鉴于我们正身处知识经济时代，体育旅游产业必须进行创新转型，构建知识经济导向型发展模式。

实施知识经济导向型发展模式，需从理论与实践两个层面同步推进。理论上，鉴于体育旅游产业理论体系的滞后与不足，应积极构建全面的体育旅游理论平台，形成系统的体育旅游科学体系。这包括但不限于体育旅游服务质量、WTO框架下的国际竞争策略、产业政策体系构建、市场秩序维护、投融资机制优化、政府角色界定、环境保护、社会文化融合、产业组织形态创新、国外理论本土化改造等领域的深入研究与探讨。在实践层面，高度重视创新与创意的引领作用，探索体育旅游开发、商业运营、融资渠道、合作模式等方面的创新路径，提升产业效率。通过创意挖掘体育旅游资源，开发新颖的体育旅游产品，创造多元化的消费模式。

此外，我国体育旅游产业集群需加速国际化进程，以开拓更广阔的发展空间，这是提升产业竞争力的必由之路。为有效实施国际化战略，需密切关注国际体育旅游市场的最新动态，深入了解国际游客的消费需求，加强国际体育旅游市场与产品开发的研究，推进国际化的合作与营销，将中国体育旅游市场融入全球市场体系，强化资本运作、企业管理及人才队伍建设的国际化水平。

总之，知识经济导向型发展模式强调理论创新与实践探索的结合，通过深化体育旅游产业的软要素驱动，加强国际合作与市场融合，推动体育旅游产业向更高层次发展，实现经济、社会与文化的和谐共赢。

参考文献

程蕉，2019. 体育旅游中的法律问题研究［M］. 广州：暨南大学出版社.

褚亚君，郝亮，2020. 全域旅游视域下开发体育特色小镇的策略探讨［J］. 产业科技创新，2（18）：12－13.

崔晓兰，2020. 体育旅游产业融合多元模式发展路径探讨［J］. 成都航空职业技术学院学报，36（2）：81－83.

丁建岚，2017. 体育产业概论［M］. 长春：吉林文史出版社.

段爱明，2018. 体育文化与生态旅游融合发展理论与实践［M］. 上海：上海交通大学出版社.

段红艳，2017. 体育旅游项目策划与管理［M］. 武汉：华中师范大学出版社.

段青，安晓风，2020. 大学生体育旅游对体育产业发展影响研究［J］. 六盘水师范学院学报，32（3）：42－46.

贵州省体育局，2020. 贵州体育旅游发展报告［M］. 北京：中国旅游出版社.

胡昕，2018. 经济学视角下的中国体育产业发展研究［M］. 青岛：中国海洋大学出版社.

李菲，2018. 我国体育旅游的相关理论分析与发展研究：以长株潭地区为例［M］. 北京：中国原子能出版社.

王亚坤，武传玺，2020. 全域旅游视域下我国体育赛事旅游产业发展研究［J］. 体育文化导刊（7）：67－72.

王玉珍，2015. 中国体育旅游产业竞争力研究［M］. 北京：新华出版社.

吴涛，陈金鳌，2020. 全民健身视域下民族传统体育发展困境及策略［J］. 体育文化导刊（9）：67－72.

谢朝波，2018. 当代体育产业发展与体育行为心理探究［M］. 北京：北京日报出版社.

邢中有，2017. 我国体育旅游产业集群竞争力提升研究［M］. 北京：中国水利水电出版社.

徐世刚，2020. 绿色发展视域下体育旅游产业供给侧结构优化的研究［J］. 当代体育科技，10（26）：178－179，182.

徐勇，2016. 中国体育旅游发展研究［M］. 武汉：华中科技大学出版社.

许进，2018. 体育产业的发展及市场化运营研究［M］. 徐州：中国矿业大学出版社.

阳光，曾春妮，2020. “一带一路”背景下我国体育产业发展新思路研究［J］. 科技资讯，18（25）：249－251.

张兆龙，2018. 中国边境体育旅游开发模式研究［M］. 北京：新华出版社.